Das malthusianische Handbuch

soll verheiratete Menschen dazu bringen, ihre Familien auf ihre Möglichkeiten zu beschränken.

Anonym

Writat

Diese Ausgabe erschien im Jahr 2023

ISBN: 9789359251394

Herausgegeben von
Writat
E-Mail: info@writat.com

Inhalt

EINFÜHRUNG.

In jedem zivilisierten Staat ist das Problem der Armut eines, das einer Lösung bedarf. In einigen europäischen Ländern hat es zeitweise lokal eine kritische und bedrohliche Form angenommen und bedroht die Grundfesten, auf denen die Gesellschaft basiert. Revolutionen sind aus der Tatsache entstanden, dass die Menschen Nahrung brauchten, sie aber nicht bekommen konnten; und selbst in unserem eigenen „hochbegünstigten" Land geraten ehrliche, fleißige Männer oft in die Verzweiflung, weil sie weder Arbeit noch Nahrung finden.

Gelegentliche Ausbrüche und Demonstrationen sind jedoch keineswegs der wahre Maßstab für die nationale Armut. Unter der glitzernden Oberfläche der Gesellschaft brodelt eine brodelnde Masse aus Not und Elend. Die Opfer leiden schweigend und ohne Zeichen, doch ihre Existenz stellt eine dauerhafte Gefahr für das Gemeinwohl dar. Armut ist in unzähligen Fällen die Ursache für Kriminalität und Prostitution mit ihrer Kette katastrophaler Folgen; Überfüllung, Halbhunger und Elend sind die fruchtbaren Quellen von Krankheiten, die es skrupellos machen, nicht über ihren Geburtsort hinaus zu reisen und die Häuser der Reichen zu infizieren. Die moderne Gesellschaft kann treffend mit einem prächtigen Palast verglichen werden, der in einem miasmatischen Sumpf errichtet wurde und die Luft mit seinen todbringenden Ausdünstungen erfüllt. In einem solchen Fall können keine schlauen Tricks von Bauherren oder Ingenieuren Schutz bieten. Ebenso kann die Gesellschaft nicht hoffen, den Einflüssen zu entkommen, die zu Korruption und endgültiger Auflösung führen, während sie unter Armut leiden muss, um in ihrer Mitte zu bleiben.

Es ist in der Tat unnötig, auf den Übeln und nationalen Gefahren zu beharren, die sich aus der Armut ergeben; denn sie sind überall zugelassen. Das Problem ist: *Wie kann Armut abgeschafft werden?* Über diesen entscheidenden Punkt gehen die Meinungen weit auseinander. Das Übel ist so komplex und vielfältig, dass Beobachter leicht durch eine unvollständige Betrachtung der Symptome in die Irre geführt werden. Beispielsweise behauptet ein völliger Abstinenzler, der seine Aufmerksamkeit auf Fälle konzentriert, in denen Armut durch übermäßigen Genuss alkoholischer Getränke verursacht wurde, dass Alkohol die „Ursache der Armut" sei. Der Sozialist fragt: „Warum sind die vielen arm?" und antwortet, dass das Heilmittel in der Verstaatlichung des Landes und der Produktionsinstrumente, der Abschaffung der Konkurrenz usw. bestehe. Andere führen die Existenz der Armut auf Müßiggang oder mangelnde Sparsamkeit unter den Arbeitern zurück. In keinem Fall ist die angebliche Ursache jedoch gleichbedeutend mit der spürbaren Wirkung; und es ist notwendig, die Untersuchung in eine andere Richtung auszudehnen, wenn wir die Ursache entdecken wollen, die über alle anderen hinaus die Not und das Elend hervorbringt, die jeder beseitigen möchte.

Der Zweck dieser kleinen Arbeit besteht zunächst darin, zu zeigen, dass ein *übermäßiges Bevölkerungswachstum* die Quelle ist, aus der diese Übel entstehen. Zweitens werden die Mittel erklärt, mit denen die Bevölkerung unter Kontrolle gehalten werden kann, denn es ist sinnlos, die Menschen vor einer Gefahr zu warnen, wenn sie nicht wissen, mit welchen Mitteln sie vermieden werden kann. Dieses Wissen muss vor allem den *Armen* vermittelt werden, denn wie wir auf den folgenden Seiten zeigen werden, vermehrt sich die bedürftige Klasse weitaus schneller als die Wohlhabenden, und das daraus resultierende Elend liegt bei ihnen selbst zwangsläufig fällt.

Die Erfahrung lehrt, dass fast alle Übel, unter denen die Menschheit leidet, durch ein sorgfältiges Studium der Natur und durch ein Verhalten, das auf der gebührenden Beachtung der Naturgesetze basiert, verhindert werden können. In der Dunkelheit der Unwissenheit müssen die Menschen in viele Fallstricke stolpern; Aber im klaren Licht der Vernunft und des Wissens können sie den Weg erkennen, der zu Freiheit und Glück führt.

KAPITEL I.

Malthus und das Bevölkerungsgesetz.

Wenn man ein Heilmittel für ein bekanntes Übel finden möchte, muss der erste Schritt notwendigerweise darin bestehen, dessen *Ursache zu ermitteln* . Alle Pläne zur Linderung der *Auswirkungen* der Armut müssen auf lange Sicht scheitern, egal wie ehrgeizig die Unternehmungen derjenigen sein mögen, die sich an dieser vergeblichen Arbeit beteiligen. Der Kapitän eines sinkenden Schiffes beschränkt seine Aufmerksamkeit nicht auf die Pumpen, sondern versucht, den Wassereinbruch unverzüglich zu stoppen. Und bei der Auseinandersetzung mit der Frage der Armut ist es von wesentlicher Bedeutung, dass ihre Grundursache entdeckt wird, bevor vernünftigerweise Hoffnung auf eine Lösung des Problems geäußert werden kann.

Eine Untersuchung der Naturgegebenheiten wird zeigen, dass alle Formen des pflanzlichen und tierischen Lebens in der Lage sind, sich in nahezu grenzenloser Fülle zu vermehren. Darwin weist in seinem Werk *„Die Entstehung der Arten"* mit größter Klarheit darauf hin. Er sagt: „Es gibt keine Ausnahme von der Regel, dass jedes organische Lebewesen auf natürliche Weise so schnell wächst, dass, wenn es nicht zerstört würde, die Erde bald mit den Nachkommen eines einzelnen Paares bedeckt wäre." Sogar der Mensch, der sich langsam fortpflanzt, hat in 25 Jahren das Doppelte erreicht; und bei diesem Tempo würde es in ein paar tausend Jahren buchstäblich keinen Stehplatz mehr für seine Nachkommen geben. Linné hat berechnet, dass, wenn eine einjährige Pflanze nur zwei Samen hervorbringen würde – und es gibt keine Pflanze, die so unproduktiv ist wie diese – und ihre Sämlinge im nächsten Jahr zwei hervorbrächten usw., dann gäbe es in zwanzig Jahren eine Million Pflanzen." Nachdem er das Beispiel des sich langsam fortpflanzenden Elefanten angeführt hat, fährt er fort: „Noch auffallender sind die Beweise dafür, dass viele Arten unserer Haustiere in vielen Teilen der Welt verwildert sind; Wenn die Aussagen über die Wachstumsrate langsam brütender Rinder und Pferde in Südamerika und zuletzt in Australien nicht gut bestätigt worden wären, wären sie unglaublich gewesen. So verhält es sich auch mit Pflanzen: Es konnten Fälle von eingeführten Pflanzen angeführt werden, die sich in weniger als zehn Jahren auf ganzen Inseln verbreitet haben. Mehrere der Pflanzen, wie die Karde und die Hohe Distel, die heute in den wilden Ebenen von La Plata am zahlreichsten vorkommen und Quadratmeilen der Oberfläche fast unter Ausschluss aller anderen Pflanzen bedecken, wurden aus Europa eingeführt; und es gibt Pflanzen, die heute, wie ich von Dr. Falconer höre, in Indien vom Kap Comorin bis zum Himalaya verbreitet sind und seit ihrer Entdeckung aus Amerika importiert wurden. In solchen Fällen, und es könnten unzählige

Beispiele angeführt werden, geht niemand davon aus, dass die Fruchtbarkeit dieser Tiere oder Pflanzen plötzlich und vorübergehend in irgendeinem vernünftigen Ausmaß gesteigert wurde. Die offensichtliche Erklärung ist, dass die Lebensbedingungen sehr günstig waren und dass es folglich weniger zur Zerstörung der alten und jungen Tiere kam und dass fast alle Jungen sich fortpflanzen konnten. In solchen Fällen erklärt die geometrische Wachstumsrate, deren Ergebnis immer überraschend ist, lediglich die außerordentlich schnelle Zunahme und weite Verbreitung eingebürgerter Produktionen in ihren neuen Heimaten. Im Naturzustand produziert fast jede Pflanze Samen, und unter den Tieren gibt es nur sehr wenige, die sich nicht jährlich paaren. Daher können wir mit Sicherheit behaupten, dass alle Pflanzen und Tiere dazu neigen, in einem geometrischen Verhältnis zu wachsen; dass alle am schnellsten jede Station füllen würden, in der sie überhaupt existieren könnten, und dass die *geometrische Tendenz* zur Zunahme durch Zerstörung in einem bestimmten Lebensabschnitt kontrolliert werden muss.“

Es war die Beobachtung dieser bemerkenswerten Tatsache in der Natur, die einen englischen Geistlichen, Rev. Thomas B. Malthus, dazu veranlasste, sich eingehend mit der Frage der Armut zu befassen und als „Bevölkerungsprinzip“ das zu formulieren, was heute fast allgemein als „Prinzip der Bevölkerung“ angesehen wird ein *Naturgesetz* . Bevor er sein großes Werk veröffentlichte, herrschte allgemein die Ansicht vor, dass der Reichtum eines Landes im Verhältnis zu seiner Bevölkerung stehe; und Staatsmänner versuchten häufig, durch die Verteilung von Kopfgeldern an die Eltern übermäßig großer Familien die natürliche Wachstumsrate anzukurbeln. Einige weitsichtige Männer, wie der ältere Mirabeau, Quesnay und Adam Smith, erkannten teilweise die wahre Lehre; aber es blieb Malthus überlassen, die Frage in all ihren Aspekten zu untersuchen und geduldig und mühsam eine überwältigende Reihe von Fakten zusammenzutragen, die seine Behauptung über jeden vernünftigen Zweifel hinaus untermauerten. Es ist angebracht, hier einen Bericht über diesen bemerkenswerten Mann und das Werk zu geben, mit dem sein Name untrennbar verbunden ist.

Thomas Robert Malthus wurde 1766 in Dorking, Surrey, geboren. Im Alter von einunddreißig Jahren wurde er Fellow des Jesus College in Cambridge und nahm kurz darauf Befehle entgegen, indem er in einem kleinen Dorf in Surrey amtierte.

In den letzten Jahren des 18. Jahrhunderts wurden die Gedanken der Menschen in England stark von den großen sozialen Umwälzungen in Frankreich beeinflusst, und die politischen Ansichten in diesem Land traten in eine neue Phase. Die Rechte des Menschen wurden zunehmend als mehr als nur eine Phrase betrachtet, und der großzügige Wunsch, das Wohlergehen des Volkes zu fördern, trat allmählich an die Stelle selbstsüchtiger

Gleichgültigkeit. Condorcet in Frankreich und William Godwin in England vertraten die Ansicht, dass das Glück der Menschheit hauptsächlich von der Gerechtigkeit politischer Institutionen abhängt und dass das nationale Wohlergehen durch eine gerechte Regierung auf unbestimmte Zeit gefördert werden kann. Daniel Malthus (der Vater von Thomas Robert), ein Mann von zuversichtlichem und romantischem Temperament, vertrat die Ideen von Godwin herzlich und diskutierte das Thema häufig mit seinem Sohn. Der jüngere Mann teilte jedoch keineswegs die väterliche Begeisterung und behauptete in Anlehnung an Hume, Adam Smith und andere Schriftsteller, dass Laster und Elend zwei starke Hindernisse für die Verbesserung der Gesellschaft seien, und drängte darauf, noch weiter zu gehen , dass die Tendenz der Menschheit, schneller zu wachsen als die Mittel zum Lebensunterhalt, zu diesen Übeln geführt habe. Seine Argumente hinterließen einen tiefen Eindruck bei Daniel Malthus, der seinen Sohn bat, sie schriftlich festzuhalten. Dies geschah entsprechend, und 1798 veröffentlichte TR Malthus die erste Ausgabe seines Werkes: „ *Ein Essay über das Bevölkerungsprinzip, wie es die zukünftige Verbesserung der Gesellschaft beeinflusst; mit Bemerkungen zu den Spekulationen von Herrn Godwin, Herrn Condorcet und anderen Schriftstellern* . (London: 1798. Ein Band.)

Dieses Buch löste eine lebhafte Kontroverse aus, wobei die Theorien und Schlussfolgerungen des Autors von verschiedenen Autoren angegriffen und verteidigt wurden. Das große Interesse, das sein Aufsatz hervorrief, veranlasste Malthus, sich noch eingehender mit den Phänomenen der Armut zu befassen, und er beschloss, durch Europa zu reisen, um Fakten zu diesem Thema zu sammeln. 1799 besuchte er den Kontinent und durchquerte Dänemark, Schweden und einen Teil Russlands sowie später die Schweiz und Savoyen. Die Ergebnisse seiner Forschungen lieferten einen überwältigenden Beweis für die Richtigkeit seiner Behauptung; und 1803 veröffentlichte er eine zweite und stark erweiterte Ausgabe seines *Essays* in zwei Bänden. Im weiteren Verlauf seines Lebens gab Malthus dreimal neue Ausgaben seines Werks heraus, das bis heute das größte Denkmal seiner ehrenvollen Karriere darstellt. Er starb am 29. Dezember 1834.

Bevölkerungsprinzips von Malthus zu geben . 1 Wir beschäftigen uns nur mit seiner Bevölkerungstheorie und den Schlussfolgerungen, zu denen diese Theorie führt. „Das Hauptziel dieses Aufsatzes", sagt der Autor, „besteht darin, die Auswirkungen einer großen Ursache zu untersuchen, die eng mit der Natur des Menschen selbst verbunden ist und die, obwohl sie seit den Anfängen der Gesellschaft ständig und kraftvoll wirksam war, auch so geblieben ist." wird von den Autoren, die sich mit diesem Thema befasst haben, kaum beachtet. Die Ursache, auf die ich anspiele, ist die ständige Tendenz allen belebten Lebens, über die dafür vorbereitete Nahrung hinaus zu wachsen.

"DR. Franklin hat beobachtet, dass die Fruchtbarkeit von Pflanzen und Tieren keine Grenze hat, sondern nur das, was dadurch entsteht, dass sie sich drängen und sich gegenseitig in ihren Lebensgrundlagen behindern. Wäre die Oberfläche der Erde, sagt er, frei von anderen Pflanzen, könnte sie nach und nach mit nur einer Sorte besät und übersät werden – wie zum Beispiel mit Fenchel; und wenn es keine anderen Bewohner mehr gäbe, könnte es in ein paar Jahrhunderten nur durch eine einzige Nation, wie zum Beispiel durch Engländer, wieder aufgefüllt werden.

„Das ist unbestreitbar wahr. Durch das Tier- und Pflanzenreich hat die Natur die Saat des Lebens mit der großzügigsten und großzügigsten Hand ausgestreut; aber sie sind vergleichsweise sparsam im Raum und in der Nahrung, die für ihre Aufzucht notwendig ist. Die in dieser Erde enthaltenen Existenzkeime würden, wenn sie sich frei entfalten könnten, im Laufe weniger tausend Jahre Millionen von Welten füllen. Die Notwendigkeit, dieses zwingende, alles durchdringende Naturgesetz, hält sie innerhalb der vorgeschriebenen Grenzen. Die Rasse der Pflanzen und die Rasse der Tiere schrumpfen unter diesem großen restriktiven Gesetz, und der Mensch kann ihm durch keine Anstrengung der Vernunft entkommen.

„Bei Pflanzen und irrationalen Tieren ist die Sicht auf das Thema einfach. Sie alle werden von einem starken Instinkt zur Vermehrung ihrer Art angetrieben, und dieser Instinkt wird durch keinen Zweifel an der Versorgung ihrer Nachkommen unterbrochen. Wo also Freiheit herrscht, wird die Macht der Vermehrung ausgeübt; und die überreichen Wirkungen werden später durch den Mangel an Platz und Nahrung unterdrückt."

Malthus führt dann Beweise für das extrem schnelle Bevölkerungswachstum der Menschheit unter Bedingungen an, in denen Nahrung reichlich vorhanden und leicht erhältlich ist. Er errechnet, dass sich die Bevölkerung, wenn nichts dagegen unternommen wird, weiterhin alle 25 Jahre verdoppelt oder in einem geometrischen Verhältnis zunimmt. Allerdings weist er darauf hin, dass das Nahrungsmittelangebot keineswegs mit gleicher Leichtigkeit erhöht werden könne. Selbst wenn es in einem Zeitraum von 25 Jahren möglich wäre, die erzeugte Menge zu verdoppeln, gibt es keinen Grund anzunehmen, dass sich dieser Vorgang in den folgenden 25 Jahren wiederholen könnte. Mit zunehmender Nachfrage nach Nahrungsmitteln würden weniger fruchtbare Böden bebaut, und die Ergänzungen, die zu den früheren Durchschnittserträgen gemacht werden könnten, würden allmählich und regelmäßig abnehmen. Malthus macht dann folgende Rechnung:

„Nehmen wir an, dass die jährlichen Zuwächse, die zum früheren Durchschnittsertrag vorgenommen werden könnten, statt zu sinken, was sie sicherlich bewirken würden, gleich bleiben würden; und dass die Produktion dieser Insel alle fünfundzwanzig Jahre um eine Menge gesteigert werden könnte, die ihrer gegenwärtigen Produktion entspricht. Der enthusiastischste Spekulant kann sich keinen größeren Anstieg als diesen vorstellen. In ein paar Jahrhunderten würde es jeden Hektar der Insel zu einem Garten machen.

„Wenn man diese Annahme auf die ganze Erde anwendet und zulässt, dass der Lebensunterhalt des Menschen, den die Erde bietet, alle fünfundzwanzig Jahre um eine Menge erhöht werden könnte, die der Menge entspricht, die sie derzeit produziert, dann wäre dies eine Annahme eine Steigerungsrate, die weitaus größer ist, als wir uns vorstellen können, dass die Menschheit sie mit allen möglichen Anstrengungen erreichen könnte.

„Es lässt sich daher mit Fug und Recht sagen, dass angesichts des gegenwärtigen durchschnittlichen Zustands der Erde die Mittel zum Lebensunterhalt unter Umständen, die für die menschliche Industrie am günstigsten sind, unmöglich schneller als in einem arithmetischen Verhältnis wachsen könnten.

„Die notwendigen Auswirkungen dieser beiden unterschiedlichen Steigerungsraten werden, wenn man sie zusammenfügt, sehr auffällig sein." Nennen wir die Bevölkerung dieser Insel 11.000.000 (Herr Malthus schreibt im Jahr 1806) und nehmen wir an, dass die gegenwärtige Zahl dem einfachen Unterhalt einer solchen Zahl gleichkommt. In den ersten 25 Jahren würde die Bevölkerung 22.000.000 betragen, und wenn auch die Nahrungsmittel verdoppelt würden, würden die Lebensunterhaltsmittel dieser Zunahme entsprechen. In den nächsten 25 Jahren würde die Bevölkerung 44.000.000 betragen, und die Mittel zum Lebensunterhalt würden nur dem Lebensunterhalt von 33.000.000 Menschen entsprechen. In der nächsten Periode würde die Bevölkerung 88.000.000 betragen, und die Mittel zum Lebensunterhalt würden gerade einmal der Hälfte dieser Zahl entsprechen. Und am Ende des ersten Jahrhunderts würde die Bevölkerung 176.000.000 betragen, und die Mittel zum Lebensunterhalt würden nur dem Lebensunterhalt von 55.000.000 entsprechen, so dass eine Bevölkerung von 121.000.000 völlig ohne Versorgung wäre."

Sehen wir uns nun an, wie diese gewaltige *mögliche* Wachstumskraft der Menschheit unter Kontrolle gehalten werden konnte.

Die *positiven* Kontrollen (*dh* Kontrollen, die durch die Wirkung von Naturgesetzen gewirkt haben) zu einem übermäßigen Bevölkerungswachstum umfassen den vorzeitigen Tod von Kindern und Erwachsenen durch Krankheit, Hunger, Krieg und Kindsmord. Die Natur hat eine kurze und scharfe Art, mit ihren überflüssigen Kindern umzugehen. Bei wilden Stämmen werden nur die positiven Kontrollen eingesetzt. Auf den Seiten der Menschheitsgeschichte wimmelt es von tragischen Berichten über Hungersnöte, die die unglücklichen Opfer der Überbevölkerung dezimierten;

von der Pest, die das Land heimsucht und Zehntausende tötet; von Kriegen, die Länder verwüsteten und deren Bewohner in Ruin, Elend und Tod überwältigten. In bestimmten Teilen der Welt haben die Hungerattacken bei Männern und Frauen den Urinstinkt der elterlichen Liebe zerstört; und im fünften Kapitel seines Werkes zeigt Malthus, wie auf den Südseeinseln, wo die mögliche Bevölkerungszunahme äußerst gering war, die Bewohner größtenteils auf das schreckliche Mittel der Kindermord zurückgriffen, um ihr natürliches Wachstum einzudämmen. Doch schon damals war der Druck auf die Lebensgrundlagen so groß, dass zu bestimmten Jahreszeiten die Nahrungsmittel knapp wurden und es zu verheerenden Kriegen kam. Kapitän Vancouver, der Otaheite 1791 zum zweiten Mal besuchte, stellte fest, dass die meisten Eingeborenen, die er vor vierzehn Jahren gekannt hatte, im Kampf umgekommen waren.

Anhand zahlreicher Beispiele für die Auswirkungen der Überbevölkerung auf die Lage der Massen in verschiedenen Ländern liefert Malthus ein eindrucksvolles Beispiel für das entsetzliche Elend, in das selbst fleißige Arbeiter im dicht bevölkerten China geraten sind. Er zitiert die Worte eines jesuitischen Missionars, der erklärte, dass ein Chinese „ganze Tage damit verbringt, die Erde zu graben, manchmal bis zu den Knien im Wasser, und am Abend gerne einen kleinen Löffel Reis isst und diesen trinkt." fades Wasser, in dem es gekocht wird." Dies ist offensichtlich übertrieben, da es unter solchen Bedingungen unmöglich wäre, das Leben aufrechtzuerhalten; Aber es dient dazu, den beklagenswerten Zustand aufzuzeigen, in den die Arbeiter durch eine übermäßige Bevölkerungsdichte geraten können.

Es erübrigt sich hier, Malthus bei seinem ausführlichen Überblick über die Lage der von Überbevölkerung betroffenen Nationen in verschiedenen Phasen der Weltgeschichte zu folgen. Unser Ziel besteht eher darin, einen Hinweis auf das Prinzip zu geben, als die Beobachtungen, auf denen es basiert, im Detail wiederzugeben. Die prägnanteste Formel, in der die Theorie von Malthus ausgedrückt wurde, lautet wie folgt: „ *Diese Bevölkerung hat eine ständige Tendenz, über den Lebensunterhalt hinaus zu wachsen.* ""

---

1 Dies wurde bereits in zwei Broschüren von Dr. CR Drysdale, dem Präsidenten der Malthusian League, bewundernswert getan: (1) *Das Leben und die Schriften von Malthus* ; (2) *Die Bevölkerungsfrage* .

KAPITEL II.

Das Heilmittel: Alt und Neu.

Geht man von dem am Ende des vorangehenden Kapitels dargelegten Grundsatz aus, stellt sich die Frage: Wie können die Übel, die durch die ständige Tendenz zur Überbevölkerung verursacht werden, verhindert werden? Die von Herrn Malthus vorgeschlagene Methode bestand darin, die *positive (oder lebenszerstörende) Prüfung durch die aufsichtsrechtliche* (oder geburtenbeschränkende) Prüfung zu ersetzen . Er empfahl Spätehe und Zölibat als das moralischste Mittel zur Eindämmung der Bevölkerung. Er drängte darauf, dass Männer warten sollten, bis sie in der Lage seien, für eine Familie zu sorgen, bevor sie die Verantwortung übernehmen, die sich aus der Ehe ergibt. Er sagt: „Unsere Verpflichtung, nicht zu heiraten, bis wir eine faire Aussicht haben, unsere Kinder unterstützen zu können, wird die Aufmerksamkeit des Moralisten verdienen, wenn nachgewiesen werden kann, dass die Beachtung dieser Verpflichtungen bei der Prävention eine größere Wirkung hat." voller Elend als alle anderen Tugenden zusammen; und dass, wenn es unter Verletzung dieser Pflicht allgemeiner Brauch wäre, dem ersten Impuls der Natur zu folgen und im Alter der Pubertät zu heiraten, die allgemeine Verbreitung jeder bekannten Tugend im größtmöglichen Ausmaß nicht in der Lage wäre, die Gesellschaft vor dem zu retten Der erbärmlichste und beklagenswerteste Zustand der Not und all die Krankheiten und Hungersnöte, die ihn normalerweise begleiten."

Dies war also die von Malthus befürwortete aufsichtsrechtliche Kontrolle; Aber seit seiner Zeit hat man erkannt, dass sein Heilmittel selbst die Ursache von Übeln ist, die kaum weniger schrecklich sind als diejenigen, die es beseitigen sollte. Darüber hinaus ist es in den allermeisten Fällen unmöglich, es in die Praxis umzusetzen; denn es setzt eine Fähigkeit zur mentalen Kontrolle über die sexuelle Leidenschaft voraus, die bei einer vergleichsweise kleinen Anzahl von Individuen vorhanden ist.

Die physiologischen Übel, die sich aus dem Zölibat und, in geringerem Maße, aus längerem Verzicht auf die Ehe ergeben, sind äußerst katastrophaler Natur. Zölibat ist notwendigerweise ein Zustand der Entbehrung und des Leidens, da es die absichtliche und unaufhörliche Unterdrückung des stärksten Instinkts der Menschheit beinhaltet. Die reinen und erhebenden Freuden des Ehe- und Familienlebens werden ausgeschlossen und die Existenz ihrer schönsten Aspekte beraubt. Das selbstlose Vergnügen, das Glück einer geliebten Frau und geliebter Kinder zu fördern, bleibt dem krankhaften und düsteren Zölibatären verwehrt, der zu einem einsamen und freudlosen Dasein verurteilt ist. Und selbst wenn ein dauerhafter Zölibat nicht in Betracht gezogen wird, kann die Ehe verschoben werden, bis die Blüte und der Glanz des Lebens für immer verschwunden sind , bis Verzögerung und Enttäuschung das Temperament verdorben und die Quelle der Zuneigung erstickt haben.

Dr. Bertillon aus Paris hat anhand von Statistiken aus Frankreich, Holland und Belgien schlüssig bewiesen, dass verheiratete Personen, insbesondere Männer, viel länger leben als Alleinstehende und weniger dazu neigen, verrückt, kriminell oder bösartig zu werden. Es hat sich gezeigt, dass der verheiratete Staat die Gefahr des Wahnsinns um fast die Hälfte reduziert. Im Hinblick auf die Auswirkungen des Zölibats auf Einzelpersonen soll Dr. Holmes Coote im *Lancet* gesagt haben: „Zweifellos ist Inkontinenz eine große Sünde; Aber die mit der Enthaltsamkeit verbundenen Übel verursachen weitaus größeres Leid für die Gesellschaft. Das kann jeder bezeugen, der Erfahrung in den Abteilungen von Irrenanstalten hat."

Zusätzlich zu den persönlichen Übeln, die sich aus dem Zölibat ergeben, muss man bedenken, dass eine späte Heirat die *Prostitution* , den abscheulichsten Schandfleck unseres sozialen Zustands, direkt fördert. Malthus legte in der Tat großen Wert auf die Keuschheitspflicht, während junge Männer damit beschäftigt waren, die Mittel anzuhäufen, die es ihnen ermöglichen würden, *später* im Leben zu heiraten und eine Familie zu gründen. Er hätte genauso gut dem Wirbelsturm predigen oder den Sturm ermahnen können, seine Heftigkeit zu mäßigen. Die Macht der Zurückhaltung ist nur wenigen Menschen gegeben; Und selbst wenn diese Zurückhaltung ausgeübt werden kann, ist dies nur mit viel Leid und physischem und moralischem Schaden verbunden.

Die spätere Denkerschule übernahm zwar das von Malthus formulierte Prinzip, schlug aber eine unendlich bessere Methode vor, um das von ihm angestrebte Ziel zu erreichen. Sie befürworten *eine frühe Ehe und kleine Familien* . Es ist nicht notwendig, dass junge Männer und Frauen die Jugend und Frische ihres Lebens opfern, um heiraten zu können, wenn die Abendschatten um sie herum immer länger werden. Die Segnungen des häuslichen Komforts, der innigen Kameradschaft und der Familienliebe eröffnen sich ihnen in der Mittagszeit des Lebens, wenn die Möglichkeit des Genusses ihren Höhepunkt erreicht. Frau Annie Besant sagt: „Um im Einklang mit der Natur zu sein, sollten Männer und Frauen Ehemänner und Ehefrauen, Väter und Mütter sein, und bis sich die Natur weiterentwickelt, wird ein Zölibat neutralen Geschlechts jemals ein Zeichen der Unvollkommenheit sein. … Niemand, der dies von der Gesellschaft wünscht Wer glücklich und gesund sein möchte, sollte die späte Heirat als Heilmittel gegen die sozialen Übel um uns herum empfehlen. Eine frühe Ehe ist sowohl körperlich als auch moralisch am besten. es bewahrt die Reinheit, mildert die Gefühle, trainiert das Herz und bewahrt die körperliche Gesundheit; es lehrt das Denken für andere, Sanftmut und Selbstbeherrschung; Es macht Männer sanfter und Frauen mutiger durch den Kontakt ihrer unterschiedlichen Naturen. Die Kinder, die aus solchen Ehen hervorgehen – wenn sie nicht zu schnell aufeinander folgen – sind kräftiger und gesünder als die Kinder von Eltern mittleren Alters; und im normalen Lauf der Natur leben die Eltern solcher Kinder lange genug, um sie bei ihrem Start ins Leben zu begleiten und ihnen zu Beginn ihrer Karriere zu helfen, sie zu stärken und ihnen Rat zu geben."

Die medizinische Wissenschaft hat gezeigt, dass die Größe einer Familie absolut in der Kontrolle der Eltern liegt, wenn sie nur ein angemessenes Maß an Sorgfalt und Voraussicht walten lassen. Ein junges Paar kann nun ohne Bedenken in die Ehe eintreten: Denn die Zahl seiner Nachkommen kann im Verhältnis zu seinen Mitteln ebenso sicher bestimmt werden, wie es die Höhe seiner Ausgaben für Kleidung oder Luxusgüter bestimmen kann.

So eröffnen die Lehren des Malthusianismus in Verbindung mit der späteren Entwicklung unschuldiger aufsichtsrechtlicher Kontrollen grenzenlose Möglichkeiten zur Verbesserung der sozialen Bedingungen. Wenn das Bevölkerungsgesetz – ein Naturgesetz – klar verstanden wird, wird es für den Menschen möglich, durch die Ausübung seiner Vernunft seine Funktionsweise zu kontrollieren, so wie er Deiche baut, um seine Ernten vor Überschwemmungen zu schützen, oder Blitze unschädlich umleitet in den Boden.

Sehen wir uns also an, wie sich die allgemeine Übernahme des neumalthusianischen Prinzips der frühen Ehe und begrenzter Familien auf das Wohlergehen des Einzelnen und der Nation insgesamt auswirken würde.

Das Wissen um aufsichtsrechtliche Kontrollen erhöht die Glücksaussichten für jeden Mann und jede Frau, deren Mittel „begrenzt" sind, immens. Die Ehe ist kein riskantes Unterfangen mehr, das Verbindlichkeiten mit sich bringen kann, die in keinem Verhältnis zur Fähigkeit stehen, diese zu erfüllen. Der Ehemann ist von der Sorge befreit, dass seine Kinderzahl zunehmen könnte, während seine Fähigkeit, angemessen für sie zu sorgen, eine feste oder sogar abnehmende Menge bleibt. Die Frau muss sich nicht länger vor der Last des fortwährenden Kinderkriegens und der unaufhörlichen Knechtschaft häuslicher Plackerei fürchten. Wie viel von der Trunkenheit, die in der Arbeiterklasse herrscht, ist auf das Unbehagen eines überfüllten und trostlosen Zuhauses zurückzuführen! Der von der täglichen Arbeit erschöpfte Ehemann kehrt in seine enge Unterkunft zurück und findet seine Frau vor, die von den kleinen Sorgen einer großen Familie geplagt und verärgert ist und ein scharfes Temperament und eine scharfe Zunge hat. Die zarte Romantik des Werbens wird durch die nie endende Runde der Haussklaverei zerstreut, mit der ständigen Notwendigkeit, „für beide Enden zu sorgen“ und dafür zu sorgen, dass jeder Sixpence die Arbeit eines Schillings erledigt. Und über allem schwebt die Angst, dass Krankheit oder der Verlust des Arbeitsplatzes den Ernährer behindern könnten und dass der Wolf des Hungers, der immer draußen wartet, seine Reißzähne in der Tür zeigen könnte. Kein Grund zum Wundern besteht darin, dass in vielen Fällen die Geliebte glücklicherer Tage zur Schlampe und Schlampe wird oder dass der von der Arbeit erschöpfte Ehemann in dem vergeblichen Versuch, den ihn umgebenden Ärgernissen zu entfliehen, in die verderblichen Freuden der Schankstube flüchtet in seinem „Zuhause“.

Und was ist mit den Kindern? Sie sind gleichzeitig die unschuldige Ursache und die hilflosen Opfer des Elends, das sie umgibt. Der Lohn, der für zwei oder drei ausreichen würde, reicht für den angemessenen Unterhalt von sieben oder acht Tieren nicht aus, und ihre kleinen Körper leiden unter unzureichender Ernährung. Die überlastete Mutter kann einer so großen Herde nicht die liebevolle Fürsorge und Aufmerksamkeit schenken, die Kinder für ihre richtige körperliche und geistige Entwicklung benötigen. So wachsen sie geistig und konstitutionell geschwächt auf (wenn sie vielleicht überleben) und geben ihre eigenen Mängel in verschärfter Form an die nächste Generation weiter.

Gerade unter den Ärmsten unserer Mitmenschen erleben wir die Schrecken der Überbevölkerung in ihrer herzzerreißendsten Form. In den schäbigen Höfen und Gassen unserer Großstädte erreicht der trostlose Strom des Kinderlebens ständig seinen Höhepunkt. Die Eltern, unwissend und hoffnungslos, gefühllos aufgrund ihres täglichen Kontakts mit dem Elend, „vermehren und vermehren sich“ instinktiv, ebenso wie die Tiere des Feldes. Unter den Armen ist die Geburtenrate (im Großen und Ganzen) doppelt so hoch wie die der reicheren Klassen. Vor ein paar Jahren lag die Geburtenrate im wohlhabenden Kensington bei 20 pro 1.000; im Armenviertel Bethnal Green waren es 40 pro 1.000. Dieser beklagenswerte Zustand ist nicht auf Großbritannien beschränkt; er herrscht, mit geringfügigen Abweichungen in den Einzelheiten, in allen sogenannten zivilisierten Ländern vor.

Aber die Geburtenrate erzählt nur die Hälfte der erbärmlichen Geschichte: Es ist die *Sterberate*, die das Maß des menschlichen Leids vervollständigt, das durch das rasante Bevölkerungswachstum verursacht wird. In seiner Ansprache vor der Association of Sanitary Inspectors im Jahr 1888 erklärte Sir Edwin Chadwick, dass unter dem Adel und den Berufstätigen in Brighton die Todesfälle von Kindern unter fünf Jahren 8,93 Prozent ausmachten. an der Gesamtzahl der Todesfälle, während sie in der Erwerbsschicht 45,44 Prozent ausmachten. Er sagte auch, dass in Brighton das mittlere (oder durchschnittliche) Sterbealter für Lohnempfänger 28,8 Jahre liege; für die Reichen sind es 63 Jahre. Dr. Playfair hat gezeigt, dass 18 Prozent. von den

Kindern der Oberschicht 36 Prozent. von denen der Handwerkerklasse und 55 Prozent. der Arbeiter sterben, bevor sie das fünfte Lebensjahr erreichen.

Hier sehen wir die schmerzhaften *positiven* oder natürlichen Kontrollen der Bevölkerung, die in unserer Mitte am Werk sind. Der Tod steht mit seinem Schwert da und vernichtet rücksichtslos die überflüssigen Leben. Welche Feder kann das schreckliche Leid beschreiben, das die oben genannten Zahlen andeuten? Die Wehen der Mutter bei der Geburt ihres Kindes: ihr anhaltender Kummer, während sie die verheerenden Auswirkungen der Krankheit auf den schwachen Körper ihres schlecht ernährten, schlecht gekleideten und schlecht gepflegten Babys beobachtet: die letzte Schreckensszene, in der der Tod sie aus seinem Elend erlöst Kind, das niemals hätte ins Leben gerufen werden dürfen! Diese erbärmliche Tragödie wird tausendmal wiederholt; und das Ergebnis davon sind fünfhundert kleine Särge, die hastig in die Erde geworfen werden.

Und was ist mit denen, die überleben? Hier und da kann man sich im Kampf ums Dasein über seine Mitmenschen erheben; Aber die überwiegende Mehrheit derjenigen, die das Tal des Todesschattens durchqueren, beginnt ein mühsames und freudloses Leben. Von den Männern wird ein Teil in Armut oder Kriminalität abdriften; Viele der Frauen werden aus Not zum schändlichen Prostitutionshandel getrieben. Die Ehrlichen und Fleißigen sind zu einem Leben unaufhörlicher Mühe und Entbehrungen verdammt; und mit ihren zahlreichen Nachkommen wird ein weiterer Zyklus der obskuren Tragödie beginnen.

Auf diese Weise erneuert die Nation in sich immer wieder die Elemente ihrer eigenen Schwäche und Verzweiflung. Die Frage der Arbeitslosen ist letztlich eine Frage der Überbevölkerung; und die Löhne werden durch die Konkurrenz verzweifelter Männer gekürzt, die auf der Suche nach Brot für ihre Frauen und Familien sind. Gewerkschaften und andere Formen des Zusammenschlusses können die Lage eines Teils der Arbeitnehmer teilweise und vorübergehend verbessern; aber auf lange Sicht wird jeder Komfortfortschritt von der durch den Wohlstand angeregten Bevölkerungszunahme überholt und verschlungen.

Solange die Lehren des Neu-Malthusianismus nicht allgemein befolgt werden, wird Armut ein dauerhafter Bestandteil der Gesellschaft bleiben; und wie wir bereits gesagt haben, ist das Element der Armut eine ständige Bedrohung für die Gemeinschaft insgesamt. Die Stärke einer Kette ist die ihres schwächsten Gliedes. Der Reichtum, der Luxus und die Vornehmheit der Gesellschaft bestehen nur dann, wenn die Verzweiflung der ärmsten Klasse eine bestimmte Grenze überschreitet. Die Geschichte hat uns gezeigt, dass die Zivilisation jahrhundertelang von Horden Barbaren ausgelöscht wurde, die durch den Hunger aus ihren unfruchtbaren Ländern vertrieben wurden. In Paris schüttet der Faubourg St. Antoine in Zeiten revolutionärer Aufregung seine tausenden ausgemergelten und zerfetzten Gespenster aus , um Krieg gegen die Gesellschaft zu führen.

Besonnenheit in der Bevölkerungsfrage wird daher als die einzige Möglichkeit angesehen, die wertvollsten und fortschrittlichsten Elemente der menschlichen Gesellschaft zu bewahren. Hier, wie auch in anderen Ländern, wurden die Apostel der neuen Lehre mit den Vorurteilen konfrontiert, die von früheren Generationen weitergegeben wurden; und im folgenden Kapitel werden wir die Geschichte der Malthusian-Bewegung in England und im Ausland verfolgen.

KAPITEL III.

Die Malthusian-Bewegung in England.

Viele Jahre nach der Veröffentlichung von Herrn Malthus' großartigem Aufsatz gelangte das von ihm formulierte Prinzip nicht über den Bereich mehr oder weniger akademischer Kontroversen hinaus. Die „Bevölkerungstheorie" wurde von unzähligen Kanzeln angeprangert und von den Federn bereitwilliger Schriftsteller angegriffen; aber da es auf einer geduldigen und genauen Beobachtung der Tatsachen der Natur beruhte, blieb es unerschütterlich, als die Prediger und Kritiker vergessen wurden.

Es wäre absurd, daran zu zweifeln, dass ein so wichtiger Beitrag zur Sozialwissenschaft den Geist von nachdenklichen Menschen beeinflusst und dazu beigetragen hat, das Verhalten zu formen. aber es steht außer Frage, dass bis zum Jahr 1877 kein organisierter Versuch unternommen wurde, die Lehren von Malthus bekannt zu machen und zu verbreiten und die Natur der Präventivkontrollen unter den Menschen dieses Landes bekannt zu machen. Im ersten Viertel des Jahrhunderts , Richard Carlile veröffentlichte eine kleine Broschüre zu diesem Thema; aber es gibt keinen Grund anzunehmen, dass seine Wirkung spürbar war. Herr Francis Place und Herr Robert Dale Owen schrieben in späteren Jahren Essays, die praktisch die moderne malthusianische Sichtweise verkörperten.

Im Jahr 1833 veröffentlichte Dr. Charles Knowlton aus Boston (USA) ein kleines Werk zum Thema Bevölkerung mit dem Titel „ *The Fruits of Philosophy* " . Über vierzig Jahre lang wurde das Buch in England verkauft, aber die Verkaufszahlen waren so gering, dass nur sehr wenige Menschen seinen Titel überhaupt kannten, und es blieb in seiner ursprünglichen Dunkelheit, bis es durch die glückliche Torheit einiger Menschen ans Licht der Öffentlichkeit gezerrt wurde die glaubten, man könne die Verbreitung moralischer Aufklärung durch rechtliche „Repression" eindämmen.

von „The Fruits of Philosophy" ein Polizeiverfahren eingeleitet und eine Verurteilung erwirkt. Im folgenden Jahr wurde auch der Herausgeber der Broschüre angeklagt und vor Gericht gestellt; aber er wurde befreit, als er versprach, das Werk nicht mehr herauszugeben. Herr Charles Bradlaugh und Frau Annie Besant übernahmen daraufhin die Aufgabe, das Recht auf Veröffentlichung zu verteidigen. Sie druckten die Broschüre nach, veröffentlichten sie und forderten die Behörden offiziell auf, sie strafrechtlich zu verfolgen. „Aus Gründen der freien Diskussion veröffentlichten wir die angegriffene Broschüre, als ihr früherer Verkäufer dem Druck der Polizei nachgab; Wir haben die Strafe riskiert, die uns auferlegt wurde, und zwar nicht so sehr, um diese Broschüre zu verteidigen , sondern vielmehr, um anderen den Weg zu ermöglichen, die sich mit dem gleichen Thema befassen." 1

Die Polizeibehörden nahmen die Anfechtung an und es wurde sofort eine Strafverfolgung eingeleitet. Der viertägige Prozess fand im Court of Queen's Bench vor Lord Chief Justice Cockburn und einer Sonderjury statt . Sir Hardinge Gifford (damals Generalstaatsanwalt), Herr Douglas Straight und Herr Mead erschienen zur Anklage; Herr Bradlaugh und Frau Besant erschienen persönlich.

In der Anklage wurde den Angeklagten vorgeworfen, ein obszönes Buch veröffentlicht und verkauft zu haben, mit der Absicht, die öffentliche Moral zu verunreinigen und zu korrumpieren. Der Autor von „*Die Früchte der Philosophie*" plädierte für eine Frühverheiratung mit Einschränkung der Familien und verwies in seinem Werk auf die damals bekannten Vorsorgeuntersuchungen. Als der Generalstaatsanwalt den Fall eröffnete, versuchte er, die Geschworenen davon zu überzeugen, dass Dr. Knowlton diese Argumentationslinie fälschlicherweise als Deckmantel und Vorwand benutzte, um unerlaubten Geschlechtsverkehr ohne das Risiko einer Schwangerschaft vorzuschlagen. Eine empörte Zurechtweisung seitens Sir Alexander Cockburn veranlasste den Generalstaatsanwalt, diese falsche Suggestion aufzugeben und auf die Behauptung zurückzugreifen, dass es illegal sei, ein Werk herauszugeben, das „ein Kapitel über Beschränkungen enthält, das nicht in irgendeiner gelehrten Sprache verfasst ist, sondern …" in einfachem Englisch, in einfacher Form und verkauft … für Sixpence." Er forderte daher die Jury auf, das Buch für eine „obszöne Veröffentlichung" zu erklären.

Die Rede des Generalstaatsanwalts und sein allgemeines Verhalten im Fall sind Angelegenheiten von trivialer Bedeutung; Die bemerkenswerten Merkmale des Prozesses waren die Adressen der beiden Angeklagten und die Zusammenfassung des Lord Chief Justice. Die Rede von Frau Besant vor der Jury war eine bemerkenswerte und unvergessliche Leistung. Sie untersuchte und diskutierte die Bevölkerungsfrage in allen Aspekten und vertrat die Auffassung, dass die Befürwortung umsichtiger Methoden angesichts der Übel, die sich aus einem übermäßigen Wachstum ergeben, eine heilige Pflicht gegenüber der Menschheit sei. In den ersten Passagen ihrer Rede wies sie auf eindrucksvollste Weise darauf hin, dass sie sich für das Wohlergehen anderer einsetzte:

> Ich vertrete Sie heute nicht als Angeklagten – ich stehe hier nicht nur als Selbstverteidigung –, sondern ich spreche als Anwalt für Hunderte von Armen, und sie sind es, für die ich diesen Fall verteidige. Meine Kunden sind über das ganze Land verstreut; Ich finde sie unter den Armen, unter denen

ich so oft gewesen bin; Ich finde meine Klienten unter den Vätern, deren Löhne immer weiter sinken und die Preise immer weiter steigen; Ich finde, dass meine Klienten unter den Müttern sind, die durch zu häufige Geburten erschöpft sind und zwei oder drei kleine Kinder haben, die zu jung sind, um auf sich selbst aufzupassen, obwohl sie keine Zeit haben, auf sie aufzupassen. Für eine Frau reicht es aus, wenn sie sich zu Hause um die Pflege, Kleidung und Ausbildung einer großen Familie mit kleinen Kindern kümmert; Aber es ist eine schwierigere Aufgabe, wenn die Mutter, die mit ihren Kleinen zu Hause sein sollte, oft auf die Felder gehen und für Lohn arbeiten muss, um sie zu ernähren, wenn ihre Anwesenheit im Haus benötigt wird. Unter den kleinen Kindern finde ich meine Kunden. Meine Herren, kennen Sie das Schicksal so vieler dieser Kinder? – die Kleinen sind halb verhungert, weil das Essen für zwei, aber nicht für zwölf reicht; halb bekleidet, weil die Mutter sie trotz ihrer Fähigkeiten und Fürsorge nicht mit dem Geld bekleiden kann, das der Ernährer der Familie mit nach Hause bringt; Aufgewachsen in Unwissenheit, und Unwissenheit bedeutet Armut und Kriminalität – meine Herren, Ihre glücklicheren Umstände haben Sie über dieses Leiden erhoben, aber auch Ihnen drückt diese Frage; denn diese übergroßen Familien bedeuten auch erhöhte Armenquoten, die von Jahr zu Jahr stärker werden. Diese Armen sind meine Klienten, und wenn ich Sie durch langes Reden ermüde, was ich befürchte, dann tue ich das, weil ich mehr an sie denken muss als an Ihre Zeit oder Ihre Mühe.

Mit berechtigter Empörung wies Frau Besant den Vorwurf zurück, dass „ *The Fruits of Philosophy* " eine „obszöne" Veröffentlichung sei. Sie zeigte anhand eines Zitats aus Lord Campbells Gesetz (auf dem sich die Anklage basierte), dass die gesetzliche Definition von Obszönität unmöglich auf ein Buch angewendet werden könne, das „trockene physiologische Details in trockener, technischer Sprache vorgetragen" enthalte. Als nächstes betonte sie, dass das Recht auf freie Diskussion über Angelegenheiten des öffentlichen Wohls von der Staatsanwaltschaft tatsächlich angegriffen wurde:

Denken Sie, meine Herren, einen Moment lang, dass ich und mein Mitangeklagter über die einfache Frage des Verkaufs oder der Veröffentlichung dieses Sechs-Penny-Bandes von Dr. Knowlton streiten? Glauben Sie, dass wir uns in die Lage gebracht hätten, in der wir uns jetzt befinden, nur weil wir aus einer Six-Penny-Broschüre mit 47

Seiten nur einen Profit gemacht hätten? Nein, es ist nichts dergleichen; Wir haben ein viel größeres Interesse auf dem Spiel, und zwar ein Interesse von lebenswichtigem Interesse für die Öffentlichkeit, das wir unser ganzes Leben lang aufrechtzuerhalten versuchen werden. Es geht in Wirklichkeit um das Recht auf öffentliche Diskussion durch Veröffentlichung, und diese Frage ist mit dem Recht verbunden, diese Sechs-Penny-Broschüre zu verkaufen, die der Generalstaatsanwalt wegen ihres Preises verachtet.

Es wäre jedoch unmöglich, durch Auszüge von angemessener Länge eine angemessene Vorstellung von der eindrucksvollen und beredten Rede zu vermitteln, die Frau Besant zu ihrer Verteidigung an die Jury richtete . Die gesamte Frage der Überbevölkerung und ihrer Folgen wurde mit größter Sorgfalt und Vollständigkeit untersucht. Frau Besant war zutiefst von der Gerechtigkeit ihrer Sache überzeugt und plädierte dafür, dass die Lehren des Neumalthusianismus Glück und Moral förderten, indem sie eine frühe Ehe ermöglichten. Sie sagte:

Ich denke, ich kann es daher mit Fug und Recht sagen, dass jeder junge Mann von Natur aus den Wunsch hegt, ein Heim zu gründen und ein Eheleben zu beginnen, wenn er zum ersten Mal auf die Welt kommt. Ich glaube nicht, dass sich ein junger Mann mit der Absicht auf den Weg macht, sich in ein schnelles Leben und Ausschweifungen zu stürzen, aber Männer lassen sich häufig zu Gewohnheiten dieser Art hinreißen, weil sie die Folgen einer frühen Heirat fürchten. Da mir gesagt wurde, dass unser Ziel darin besteht, die Unmoral zu steigern, und dass wir das Wort „Ehe" nur verwenden, um die schlimmsten Absichten gegen die Reinheit der Gesellschaft zu verbergen, kann ich offen sagen, dass ich frühe Ehen für die wahre Rettung junger Männer halte , und insbesondere der jungen Männer in unseren Großstädten. Mit einer Tiefe der Überzeugung, die ich Ihnen nicht in Worte fassen kann, bin ich davon überzeugt, dass es für einen Mann und eine Frau ein Zustand ist, einander zu helfen, zu trösten und zu unterstützen, wozu sie von Natur aus geeignet sind erreicht werden, was durch die Ehe und auf keine andere Weise verewigt werden soll. Dies ist nur durch Kameradschaft und die Verbindung zwischen Mann und Frau möglich. Wenn Sie einen Mann vom liebevollen Einfluss des Zuhauses, den goldenen Institutionen des Kamins, der Gesellschaft seiner Frau und dem Glück, Vater zu werden, ausschließen, führen

Sie zu einem Leben der Verschwendung. Meine Herren, lassen Sie sich nicht täuschen. In diesem Buch ist nicht davon die Rede, Männer und Frauen daran zu hindern, Eltern zu werden; Hier geht es lediglich darum, die Zahl ihrer Familien zu begrenzen. Und das streben wir nicht an, weil wir Kinder nicht lieben, sondern im Gegenteil, weil wir sie lieben und weil wir verhindern wollen, dass sie in größerer Zahl auf die Welt kommen, als wir angemessen versorgen können . Ich glaube, dass Kinder in höchstem Maße einen Einfluss auf die Reinigung der Eltern haben, weil sie den Eltern Selbstbeherrschung, Selbstverleugnung, Rücksichtnahme und Zärtlichkeit in einem Ausmaß beibringen, das unmöglich hoch genug eingeschätzt werden kann; Und weil ich möchte, dass es jungen Männern und jungen Frauen ermöglicht wird, diese Einflüsse in ihrer Jugend zu spüren, befürworte ich die Verbreitung eines Buches, das ihnen das Wissen darüber zugänglich macht, wie das geht den Umfang ihrer Familien im Rahmen ihrer Möglichkeiten, für sie zu sorgen, einschränken; Denn niemand kann mit Stolz und Glück auf sein Zuhause blicken, wenn er mehr Kinder hat, als er kleiden und erziehen kann. Weil ich mir wünsche, dass sie im Frühling ihrer Jugend heiraten, bitte ich Sie, mit Ihrem Urteil in dieser Aktion eine Diskussion über diese Themen zu ermöglichen, und dass Männer nicht dazu getrieben werden sollten, einen Ersatz für wahre und reine Weiblichkeit und Ehefrauenschaft zu finden in andere Richtungen. Wenn Sie dies ermöglichen, werden Ihre Straßen sauberer und Ihre Familien glücklicher als bisher.

Nachdem Frau Besant im Verlauf einer längeren Rede die neu-malthusianische Doktrin erklärt und gegenüber falschen Darstellungen, die durch Unwissenheit, Vorurteile und Bigotterie entstanden waren, rechtfertigte, schloss sie ihre denkwürdige Ansprache mit den folgenden Worten:

Ich kann es mit Fug und Recht sagen: Es sei denn, Sie glauben ernsthaft, dass meine ganze Rede an Sie eine Ansammmlung von Unwahrheiten war; es sei denn, Sie glauben, dass meine Absicht eine schlechte Absicht ist; Es sei denn, Sie glauben, dass ich Sie die ganze Zeit absichtlich getäuscht habe, und stehen hier vor Ihnen in der allerschlimmsten Haltung, die eine Frau annehmen kann, nämlich in der Absicht, die Moral der Jugend unter dem hier vorgebrachten falschen Vorwand der Reinheit zu verderben , und es sei denn, Sie denken, dass ich es für den späteren Teil meines Lebens verdiene, es mit dem Mal durchzugehen, dass zwölf Herren trotz aller Geduld nicht nur dachten, das Buch sei ein Fehler, die Meinungen falsch und das Argumente, die nicht überzeugen, aber, in der schrecklichen Sprache der Anklage, dass ich schuldig bin, „so viel, wie in mir steckte, bösartig zu erfinden und zu erfinden, um die Moral der Jugend" und anderer zu verderben und zu verderben – es sei denn, ich sage: Sie glauben, dass dies mein Ziel und meine Absicht war. Bei dieser Anklage werde ich Sie, meine Herren, auffordern, das Urteil „Nicht schuldig" zu erlassen und mich frei nach Hause zu schicken, da ich von Herzen und Gewissen davon überzeugt bin, dass ich es gewesen bin Ich bin nur schuldig, das getan zu haben, was ich tun sollte, wenn ich mich ehrlich mit einer Angelegenheit auseinandersetze, mit der ich mich für berechtigt halte, mich mit dieser schrecklichen Armut und dem Elend auseinanderzusetzen, die uns überall umgeben. Sofern Sie, meine Herren, nicht bereit sind, mich mit bösen Absichten zu brandmarken, bitte ich Sie als Engländerin um die Gerechtigkeit, die von Engländern nicht unmöglich zu erwarten ist – ich bitte Sie, mir das Urteil „Nein" zu fällen Schuldig" und mich unbefleckt nach Hause zu schicken.

Herr Bradlaugh ging in seiner Rede ausführlicher auf die rechtlichen und physiologischen Aspekte des Falles ein, als es seinem Mitangeklagten möglich gewesen wäre. Auf deutlichste Weise bekräftigte er die Rechtmäßigkeit der Verbreitung des Wissens über unschuldige Aufsichtskontrollen:

Ich unterstütze Sie, meine Herren Geschworenen, dass es moralisch ist, armen Menschen beizubringen, früh zu heiraten, und dass diese Lehre unerlaubten Geschlechtsverkehr vermeidet und verringert. Ich möchte Sie nicht damit ermüden, den gesamten Bericht über die „Beschäftigung von Frauen und Kindern in der Landwirtschaft" zu lesen, aus dem mein Mitangeklagter diesen schrecklichen Auszug aus dem Bericht von Bischof Fraser zitiert hat. Sie werden dort feststellen, dass es sich bei dem unerlaubten Geschlechtsverkehr, der uns zur Last gelegt wird, um einen unerlaubten Verkehr handelt, der die Geburt des Kindes und die Ermordung des Kindes durch die Mutter mit sich bringt, denn das gibt es der Schmerz des

Hungers, des Elends und der Schande, mit denen man zu kämpfen hat. Ich sage, dass die Übel der Überbevölkerung hauptsächlich unter den armen verheirateten Menschen zu spüren sind und dass es nicht dazu führen kann, ihre Moral zu verderben, wenn man ihnen beibringt, wie man dieser Überbevölkerung intelligent entgegenwirkt. ... Ich behaupte, dass dies die Befürwortung aller ist Kontrollen sind zulässig, es sei denn, sie befürworten die Zerstörung des Fötus nach der Empfängnis oder des Kindes nach der Geburt. Ich sage, dass die Befürwortung jeder geburtenbeschränkenden Kontrolle rechtmäßig ist, was nicht die Befürwortung der Zerstörung menschlichen Lebens in irgendeiner Form nach seiner Erschaffung ist.

Geht man davon aus, dass eine solche Befürwortung rechtmäßig ist, ist sie nutzlos, wenn sie nicht in klarer und einfacher Sprache vermittelt wird:

Ich sage, dass die Befürwortung einer nützlichen Kontrolle unter den Massen notwendigerweise in der einfachsten Sprache und in der billigsten Form erfolgen und weit verbreitet werden muss; und ich dränge Sie darauf, weil ich verstehe, dass der gelehrte Generalstaatsanwalt in seiner Argumentation behauptete, einer der Fehler dieser Broschüre bestehe darin, dass sie nicht in gelehrter Sprache undeutlich gemacht worden sei. Wenn wir die Möglichkeit hätten, uns auf Französisch, Italienisch, Griechisch, Latein, Hebräisch oder Arabisch auszudrücken, welchen irdischen Nutzen hätte das dann für die armen Unglücklichen, deren Elend wir ansprechen wollen?

Nachdem Herr Bradlaugh mit seinem gewohnten Geschick und Scharfsinn die von der Anklage formulierten Anklagepunkte durchgegangen war, schloss Herr Bradlaugh seine Ansprache mit einem Schlusswort voller leidenschaftlicher Beredsamkeit:

Wir wollen (sagte er), dass es den Armen besser geht; und du sagst uns, wir seien unmoralisch. Wir wollen verhindern , dass sie kleine Kinder auf die Welt bringen, die an der Brust ihrer Mutter den Tod statt das Leben aussaugen ; und du sagst uns, wir seien unmoralisch. Ich möchte nicht sagen, dass Sie, meine Herren, die Dinge vielleicht anders beurteilen als ich; aber ich kenne die Armen. Ich gehöre zu ihnen. Ich wurde unter ihnen geboren. Darunter sind die frühen Assoziationen meines Lebens. Die geringen

Fähigkeiten, die ich heute besitze, habe ich im harten Kampf des Lebens erworben. Ich hatte keine Universität, an der ich meine Zunge polieren konnte; Keine Alma Mater, die mir irgendeine Beredsamkeit geben könnte, mit der ich Sie bewegen könnte. Ich plädiere hier einfach für die Klasse, der ich angehöre, und für das Recht, ihnen zu sagen, was ihre Armut lindern und ihr Elend lindern kann. Und ich bitte Sie, von ganzem Herzen zu glauben, auch wenn Sie hier ein Urteil gegen uns fällen – ich bitte Sie, zumindest zu versuchen, sowohl für mich selbst als auch für die Dame, die neben mir sitzt, zu glauben (ich hoffe es für mich selbst , und das wünsche ich ihr aufrichtig), dass wir die ganze Zeit über die Absicht hatten, das Richtige zu tun, auch wenn Sie denken, dass wir Unrecht getan haben. ... Meine Mitangeklagte verwies in ernster Sprache auf die Briefe, die sie von Frauen erhalten hatte, und Geistliche und andere im ganzen Land. Auch ich habe viele herzliche Worte des Mitgefühls von denen erhalten, die glauben, dass ich Recht habe. Es ist wahr, dass viele von ihnen unwissende Menschen sind und daher möglicherweise falsch liegen; aber sie haben geschrieben, um mich mit ihrer freundlichen Anteilnahme in meinem Flehen vor Ihnen zu ermutigen. Wenn wir mit dem Vergehen gebrandmarkt werden, ein obszönes Buch in Umlauf zu bringen, werden viele dieser armen Menschen immer noch „Nein" denken. Sie glauben, dass ein solches Wissen das Elend in ihren Familien verhindern, den Hunger in ihren Familien eindämmen und Krankheiten in ihren Familien verhindern würde. Wissen Sie, was Armut im Haus eines armen Mannes bedeutet? Das bedeutet, dass man, wenn man einem armen und unwissenden Mann Brutalität vorwirft, vergisst, dass er lediglich gegen die Härte des Lebens ankämpft, die alle Ritterlichkeit und Höflichkeit aus seiner Existenz verdrängt. Beschuldigen Sie die armen Männer nicht zu sehr, dass sie rau und brutal sind. Denken Sie barmherzig an einen Mann wie einen Ziegelmacher, der nach der Arbeit des Tages nach Hause geht und sechs oder sieben kleine Kinder vorfindet, die um Brot schreien und sich an seine Frau klammern, weil sie nach dem Essen suchen, das sie nicht bekommen können. Denken Sie, dass eine solche Szene nicht ausreicht, um sowohl ihn als auch sie hungrig und wütend zu machen? Meine Herren, es ist Ihre Aufgabe, bei Ihrer Freilassung von schuldig oder nicht schuldig zu sagen, wie wir von diesem

Gericht ausgehen sollen – ob seine Lordschaft dies für seine
Pflicht halten wird, wenn wir diesen Ort verlassen und Sie
uns für schuldig erklären um uns zu verurteilen und das
Zeichen eines Untergangs auf uns zu legen, wie Ihr Urteil es
rechtfertigen könnte; oder ob wir durch Ihr
Freispruchsurteil – das ich für mich selbst hoffe und für
meinen Mitangeklagten wünsche – dieses Gericht verlassen
können, frei von der Schande, die uns diese Anklage
auferlegen wollte.

Wir müssen die Beweise von Dr. Alice Vickery, Dr. CR Drysdale, Herrn
Bohn und anderen für die Verteidigung außer Acht lassen ; und beziehen sich
kurz auf die Zusammenfassung des Lord Chief Justice (Sir Alexander
Cockburn). Seine Lordschaft ging auf „den schelmischen Charakter und die
Wirkung" der Strafverfolgung ein und erklärte, dass „ein unüberlegteres und
unüberlegteres Verfahren" wahrscheinlich nie vor Gericht gebracht worden
sei. Er verwies in seiner Härte auf die gewahrte Verschwiegenheit über die
wahren Urheber der Anklage. Bei der Erörterung der damit verbundenen
Fragen bezeichnete Seine Lordschaft die Theorie von Malthus als „eine
Theorie, die die Welt in Erstaunen versetzte, obwohl sie heute als
unumstößliche Wahrheit akzeptiert und seitdem von einem Ökonomen nach
dem anderen übernommen wurde." „Daß es sich bei den Übeln, die aus der
Überbevölkerung entstehen", fuhr er fort, „um Übel handelt, deren
Verhinderung die erste Aufgabe der menschlichen Nächstenliebe wäre, wenn
sie verhindert werden könnten, daran besteht kein Zweifel." Dass die Übel
der Bevölkerung real und nicht eingebildet sind, kann niemand, der mit dem
Zustand der heutigen Gesellschaft vertraut ist, leugnen." Auf die Frage, ob
die Befürwortung aufsichtsrechtlicher Kontrollen dazu tendiere, die
öffentliche Moral zu korrumpieren, sagte Seine Lordschaft zu den
Geschworenen: „Sie müssen dies unter gebührender Beachtung und
Bezugnahme auf das Gesetz und mit dem ehrlichen und entschlossenen
Wunsch, die Moral aufrechtzuerhalten, entscheiden." der Menschheit. Aber
andererseits müssen Sie sorgfältig abwägen, was der öffentlichen Diskussion
bedarf, und mit dem ängstlichen Wunsch, nicht aus einer
voreingenommenen Sicht auf dieses Thema heraus das zu unterdrücken, was
Gegenstand einer legitimen Untersuchung sein könnte." Die abschließenden
Passagen der Anklage an die Jury sind so bedeutsam, dass sie hier vollständig
wiedergegeben werden:

> Wenn Sie der Meinung sind, dass dieses Werk von
> Knowlton zwar gut gemeint ist und die Veröffentlichung
> durch die Beklagten möglicherweise zum Wohle der
> Menschheit gedacht ist, wenn Sie der Meinung sind, dass sie
> eine falsche Ansicht über die Wirkung des Werks vertreten

haben, und dass sein gesamter Umfang die Moral der Gesellschaft untergräbt. Wenn Sie dieser Meinung sind, dann ist es Ihre Pflicht, die Angeklagten haftbar zu machen. Auch wenn dies der Fall ist, ist es Sache der Staatsanwaltschaft, den Vorwurf zu ermitteln, den sie zu ermitteln versucht. Wenn Sie der Meinung sind, dass sie versagt haben – wenn Sie der Meinung sind, dass es sich hierbei um Angelegenheiten handelt, die fair diskutiert werden können – und dass die richtige Antwort darauf darin besteht, sie durch Argumente und nicht durch Strafverfolgung zu widerlegen, haben die Angeklagten Anspruch auf Ihr Urteil. Oder wenn Sie Zweifel an der Wirkung dieser Arbeit haben, sind Sie verpflichtet, sie für nicht schuldig zu erklären. Abschließend möchte ich nur sagen, dass alles, was gegen den Anstand verstößt, was dazu neigt, die Moral der Gesellschaft und insbesondere die Moral und Reinheit von Frauen zu korrumpieren – was auch immer dazu führt, dass dies zur Folge hat, wenn es veröffentlicht wird, eine Straftat gegen das Gesetz ist. Aber dieses Vergehen muss wie jedes andere aufgeklärt werden. Wenn Sie denken, dass es erfunden ist, wenn Sie davon überzeugt sind, dass sie, obwohl sie aus dem Wunsch heraus gehandelt haben, Gutes zu tun, Ihrer Meinung nach dennoch Unrecht getan haben, sich damit in den Rahmen der Definition des Gesetzes gebracht haben.

Trotz der kraftvollen Reden der Angeklagten und des offensichtlich wohlwollenden Vorwurfs des Richters nutzten die Geschworenen ihre Chance, sich klar für die Diskussionsfreiheit einzusetzen, nicht. Sie verkündeten ein erschütterndes „Sonder"-Urteil und erklärten, dass das Buch „darauf abzielte, die öffentliche Moral zu verunglimpfen", aber gleichzeitig entlasteten sie die Angeklagten gänzlich von jeglichen korrupten Motiven bei der Veröffentlichung. Daraufhin wies der Richter die Jury widerwillig an, einen Schuldspruch zu fällen.

Der Rest der Geschichte wird am prägnantesten in den eigenen Worten von Frau Besant erzählt: „Offensichtlich verärgert über das Urteil weigerte sich der Oberste Richter, ein Urteil zu fällen, und ließ uns auf unseren eigenen Erkenntnissen beruhen . Als wir später zum Urteil kamen, forderte er uns auf, die Broschüre herauszugeben, da die Jury sie verurteilt hatte; sagte, unser gesamtes Vorgehen sei in dieser Hinsicht richtig gewesen, wir müssten uns aber dem Urteil der Geschworenen beugen. Wir waren hartnäckig, und ich werde nie die erbärmliche Art vergessen, mit der der große Richter uns dazu drängte, uns zu unterwerfen, und wie er schließlich, als wir darauf beharrten, dass wir es weiter verkaufen würden, bis das Recht zum Verkauf erlangt sei, sagte, dass er es tun würde hätten uns freigelassen, wenn wir dem Gericht nachgegeben hätten, aber unsere Beharrlichkeit zwang ihn, uns zu verurteilen. Wir legten Berufung ein und versprachen, nicht zu verkaufen, bis über die Berufung entschieden wurde, und er ließ uns auf der Grundlage unserer eigenen Anerkennungen weitermachen . Im Berufungsverfahren hoben wir das Urteil auf und kamen frei; Wir haben alle beschlagnahmten Broschüren sichergestellt und öffentlich verkauft. Wir setzten den Verkauf fort, bis wir die Mitteilung erhielten, dass keine weitere Strafverfolgung gegen uns eingeleitet würde, und dann stellten wir den Verkauf der Broschüre ein und nahmen sie nie wieder auf." 2

Nachdem wir über diesen denkwürdigen Prozess berichtet haben, gehen wir nun auf einige seiner weitreichenden Auswirkungen ein. Erstens erlangte Dr. Knowltons Broschüre sofort eine enorme Verbreitung. Vor der Anklage waren die Jahresumsätze sehr gering; Innerhalb von drei Monaten nach Einleitung des Verfahrens gegen den Verlag wurden 125.000 Exemplare verkauft. Aber dieses Ergebnis, so verblüffend es auch erscheinen mag, war keineswegs die wichtigste Phase des Aufschwungs, den der *Causa Célèbre* „Die Königin *gegen* Charles Bradlaugh und Annie Besant" der öffentlichen Meinung zur Frage der Bevölkerung verlieh . Während des Prozesses berichteten die Zeitungen dieses Landes ausführlich über das Verfahren, und die bemerkenswerten Reden der Angeklagten wurden so weit verbreitet. Ihre populären Darstellungen der malthusianischen Position, ihre Beschreibung der Übel, die sich aus der Überbevölkerung ergeben, und die von ihnen vorgeschlagenen Abhilfemaßnahmen wurden in viele tausend Häuser geschickt, in die sonst kein Hinweis auf die Wahrheit eingedrungen wäre. Die Presse mit ihren unzähligen Stimmen wurde für die damalige Zeit zu einem mächtigen Organ der neumalthusianischen Propaganda und wiederholte in Tönen, die auf der ganzen Welt widerhallten, die beredten Worte zweier Sozialreformer, denen das Elend der Armen bekannt war: und die sich der Gefahr von Inhaftierung und gesellschaftlicher Missachtung ausgesetzt hatten, um das zu verkünden, was ihrer Meinung nach das einzig wirksame Heilmittel gegen die Armut war.

Inmitten der öffentlichen Aufregung, die dieser berühmte Prozess hervorrief, wurde DIE MALTHUSIANISCHE LIGA ins Leben gerufen, die seitdem die Propagandaarbeit auf organisierte und systematische Weise fortführt. Sie wurde zur Förderung folgender Ziele gegründet:

I. Sich für die Abschaffung aller Strafen für die öffentliche Diskussion der Bevölkerungsfrage einzusetzen und eine gesetzliche Definition zu erhalten, die es in Zukunft unmöglich macht, solche Diskussionen als Vergehen in den Geltungsbereich des Gewohnheitsrechts zu bringen .

II. Mit allen praktikablen Mitteln das Wissen über das Bevölkerungsrecht, seine Folgen und seinen Einfluss auf das menschliche Verhalten und die Moral unter den Menschen zu verbreiten.

Dr. Charles R. Drysdale, MD, FRCS, Eng., war von Anfang an Präsident der Liga und widmete sich der Erklärung und Befürwortung des New-Malthusian-Prinzips. Die Liste der Vizepräsidenten umfasst die Namen des verstorbenen M. Yves Guyot, eines angesehenen französischen Abgeordneten und Staatsministers, und von Herrn J. Bryson, Präsident der Northumberland Miners' Association. Ein Verweis auf seine gegenwärtige Zusammensetzung wird dem Leser zeigen, dass die Bemühungen des Bundes, aufgeklärte Ansichten über die Bevölkerungsfrage zu verbreiten, die Zustimmung und Sympathie einflussreicher Personen in diesem und anderen Ländern genießen. 3

Die Arbeit der Liga erfolgt hauptsächlich durch öffentliche Vorträge und Versammlungen, die Verbreitung von Literatur und Briefe an die Herausgeber von Zeitungen. Auf diese Weise wird die öffentliche Meinung ständig in Richtung rationaler Ansichten über die Bevölkerungsfrage beeinflusst.

Die jährlichen Treffen der Mitglieder und Freunde der Liga boten wertvolle Gelegenheiten, von vielen einflussreichen Personen Meinungsäußerungen zum Thema Malthusianismus einzuholen. Es gingen Briefe ein, in denen Frau Mona Caird , Lord Derby, Lord Pembroke, der verstorbene Lord Bramwell, Herr Leonard Courtney, Abgeordneter, Herr WB Maclaren, Abgeordneter, Professor Bain, Herr Arnold White, Herr . GH Darwin und andere.

Vier Jahre nach der Gründung der Liga wurde eine „Medizinische Abteilung" mit folgenden Zwecken gegründet:

I. Die Malthusian League bei ihrem Kreuzzug gegen die Armut und die damit einhergehenden Übel zu unterstützen, indem sie die Zusammenarbeit qualifizierter britischer und ausländischer Ärzte erhält.

II. Einholen einer wissenschaftlichen Meinung zu Punkten der Sexualphysiologie und -pathologie, die in der „Bevölkerungsfrage" eine Rolle spielen und die nur von Personen diskutiert werden können, die über wissenschaftliche Kenntnisse verfügen.

III. Sich für eine freie und offene Diskussion der Bevölkerungsfrage in all ihren Aspekten in der medizinischen Presse einzusetzen und so eine Anerkennung der wissenschaftlichen Oase und der absoluten Notwendigkeit des Neo-Malthusianismus zu erreichen.

Man erkennt, dass die Arbeit dieses Abschnitts einen besonderen und wissenschaftlichen Charakter hat. Die Namen der Beamten und Mitglieder (im Anhang aufgeführt) werden zeigen, dass die Befürwortung aufsichtsrechtlicher Kontrollen der Bevölkerung von einer Gruppe von Ärzten von unbestrittener Bedeutung gebilligt wird.

Nachdem wir einen Überblick über die ständige Organisation der malthusianischen Propaganda gegeben haben, die sich aus den Ereignissen von 1877 entwickelte, zeichnen wir nun kurz die Geschichte der Bewegung aus dieser Zeit nach. Es ist im Wesentlichen eine Geschichte über geringfügige Verfolgungen auf der einen Seite und auf der anderen Seite über die beharrliche Beharrlichkeit bei der Aufklärung der Öffentlichkeit. Das Haupthindernis für den Fortschritt der Bewegung, das sie langsam aber sicher überwindet, sind die aus Unwissenheit und Bigotterie entstandenen Vorurteile. Journalisten, Staatsmänner und andere Meinungsführer zögern nicht, ihre Treue zum von Malthus formulierten Grundsatz zu bekennen; Aber sie sind fast ausnahmslos von der Angst vor Mrs. Grundy beherrscht und scheuen davor zurück, sich den Hass zuzuziehen, der ihrer Meinung nach aus der offenen Anerkennung des einzig logischen Ergebnisses dieses Prinzips resultieren würde. Sie stimmen lautstark in den Refrain über die Übel der Überbevölkerung ein; aber in der Regel werden sie der eindeutigen Befürwortung von Aufsichtskontrollen kein öffentliches Ansehen verleihen. Dadurch wird die Aufgabe der Pioniere der Bewegung übermäßig erschwert; Aber seit der Gründung der Malthusian League wurde die Propagandaarbeit mit unermüdlicher Hingabe und Zielstrebigkeit vorangetrieben.

In ihren Anfängen war die Liga dazu aufgerufen, eines ihrer angesehensten Mitglieder unter dem Druck der Verfolgung zu unterstützen. Im Februar 1878 wurde Herr Edward Truelove strafrechtlich verfolgt und vor Lord Chief Justice Cockburn wegen der Veröffentlichung des Hon. verurteilt. Robert Dale Owens Broschüre mit dem Titel „*Moral Physiology*" und ein Aufsatz über *individuelle, familiäre und nationale Armut* von einem anonymen Autor. Herr WA Hunter hielt bei der Verteidigung des Falles eine äußerst kraftvolle Rede zur Unterstützung der malthusianischen Position. Die Geschworenen konnten sich nicht auf ein Urteil einigen und das Verfahren endete fehlgeschlagen. Drei Monate später wurde Herr Truelove jedoch ein zweites Mal vor Gericht gestellt, wobei der Gerichtsstand inzwischen vom Court of Queen's Bench in den Old Bailey verlegt wurde. Ein gemeinsames Geschworenengericht fand keine Schwierigkeiten, ein Schuldurteil zu fällen, und Herr Truelove (damals in seinem 68. Lebensjahr) wurde zu einer Geldstrafe von 50 Pfund und einer Gefängnisstrafe von vier Monaten verurteilt. Am 6. Juni fand in der St. James's Hall eine große öffentliche Versammlung statt, bei der Herr Bradlaugh , Frau Besant, Dr. Drysdale und andere Freunde der Bewegung gegen das Vorgehen der Behörden protestierten, das damit in das Recht auf freie Diskussion eingriff. und brachten ihre Bewunderung für den Mut und die Konsequenz von Herrn Truelove zum Ausdruck.

Herr Truelove ertrug die Entbehrungen der Gefangenschaft mit Standhaftigkeit und Würde, getragen von dem Wissen, dass seine Sache gerecht war. Er wurde in einem Gefängniswagen nach Coldbath Fields gebracht , mit Handschellen gefesselt wie ein gefährlicher Verbrecher; gezwungen, auf der „Pritsche" zu liegen, und allen Härten der Gefängnisdisziplin ausgesetzt . In den ersten drei Monaten durfte er kein Fleisch essen; Danach durfte er *pro Woche* sechs Unzen australisches Dosenfleisch zu sich nehmen . Glücklicherweise beeinträchtigten die Entbindung und die Strapazen seine Gesundheit nicht.

Am 12. September wurde er von einer großen und enthusiastischen Versammlung von Freunden in der Hall of Science in London nach seiner Rückkehr in die Freiheit willkommen geheißen. Die führenden Mitglieder der Malthusian League waren anwesend, und Herr Moncure D. Conway und Rev. Stewart D. Headlam waren anwesend, um jemandem Ehre zu erweisen, der aus Gewissensgründen gelitten hatte . Eine Geldbörse im Wert von 200 £ wurde Herrn Truelove zusammen mit dem folgenden Zeugnis überreicht:

> *Zu* EDWARD TRUELOVE LITT bei *seiner Entlassung aus vier Monaten Haft im Gefängnis Coldbath Fields zur Verteidigung der Pressefreiheit* .
>
> Die Unterzeichner möchten Sie im Namen der National Secular Society und der Malthusian League bei Ihrer Rückkehr in die Freiheit willkommen heißen und Ihnen ihren herzlichsten Dank für den Mut und die Ausdauer aussprechen, die Sie bei der Verteidigung des Rechts auf freie Veröffentlichung gezeigt haben Meinung.
>
> Der Kampf um die Pressefreiheit wird seit der Erfindung des Buchdrucks unaufhörlich geführt, und es könnte eine lange Liste mit Namen derjenigen aufgeführt werden, die zunächst auf dem Scheiterhaufen und dann im Gefängnis ihrerseits ihren Anteil bezahlt haben des Strafkaufs für die bereits errungenen Siege. Sie haben sich zu Recht einen ehrenvollen Platz in dieser Liste verdient, umso mehr, als Sie in einer Zeit, in der zu viele zögern und zurückschrecken, standhaft geblieben sind. Aus fast allen Teilen Englands und aus entlegenen Bezirken sowie aus den großen Zentren Schottlands haben viele Tausende Ihrer Landsleute und Landsfrauen um Ihre Freilassung gebeten, und aus allen Teilen der zivilisierten Welt sind Äußerungen

eingegangen Mitleid mit dir und Empörung über deine
Verfolger.

Als kleines Zeichen unserer Dankbarkeit und liebevollen
Wertschätzung und in Anerkennung der Ehre, mit der Sie
ein langes Leben unerschütterlichen Mutes gekrönt haben,
überreichen wir Ihnen diese Adresse und den
dazugehörigen Goldbeutel und bitten Sie, unsere
aufrichtigen Grüße entgegenzunehmen Wünsche für Ihr
zukünftiges Wohlergehen. Unterzeichnet im Namen von

DIE NATIONALE SÄKULARE GESELLSCHAFT.

CHAS. BRADLAUGH, *Präsident*.
ROBERT FORDER, *Sekretär*.

DIE MALTHUSIANISCHE LIGA.

C. DRYSDALE, MD, *Präsident*.
ANNIE BESANT, *Hon. Sek*.

Halle der Wissenschaft, 12. September 1878.

Der Fall von Mr. Truelove war der letzte bedeutsame Prozess in diesem Land
wegen der Veröffentlichung von Werken, die sich mit der Bevölkerungsfrage
befassen. Das Verfahren gegen Herrn Bradlaugh und Frau Besant wurde nie
erneuert, nachdem es vor dem Berufungsgericht wegen eines Irrtums
abgewiesen worden war. Dr. Knowltons Broschüre „ *The Fruits of Philosophy* "
wurde aus dem Verkehr gezogen, und Frau Besant schrieb an ihrer Stelle ein
kleines Buch *mit dem Titel „The Law of Population: its Consequences and its Impact
on Human Conduct and Moral"*. Von diesem Werk wurden in Großbritannien
fast 200.000 Exemplare verbreitet; viele Raubkopien wurden in Amerika und
Australien veröffentlicht; und es wurde in mehrere europäische Sprachen
übersetzt. Es bildete die Grundlage für ein bemerkenswertes Urteil von
Richter Windeyer (verkündet am Obersten Gerichtshof von New South
Wales), auf das gleich noch näher Bezug genommen wird.

Im Juni 1887 veröffentlichte Dr. HA Allbutt aus Leeds eine Sechs-Penny-
Broschüre mit dem Titel „ *The Wife's Handbook* ". Der folgende Absatz aus
der Einleitung des Buches erklärt seinen Zweck: „Das Leben und die
Gesundheit von Tausenden von Frauen zu retten, möglicherweise geborene
Kinder vor Tod und Krankheit zu retten, der jungen Frau beizubringen, wie
man das macht." Ich habe es für angebracht gehalten, dies zu schreiben, um
ihre Gesundheit in der wichtigsten Phase ihres Lebens zu verbessern, die
allgemeine Unwissenheit, in der sie möglicherweise aufgewachsen ist, aus
ihrem Gedächtnis zu verbannen und ihr zu ermöglichen, Wahrheiten über

ihre Pflichten als Ehefrau und Mutter zu erfahren wenig Arbeit." Kurz nach seinem Erscheinen zeigte sich der Geist der Verfolgung erneut, diesmal in einem obskuren und technischen Aspekt. Als Mitglied des Royal College of Physicians of Edinburgh war Dr. Allbutt dem Rat dieses Gremiums beruflich zugänglich; und er wurde aufgefordert, zu erscheinen und darzulegen, warum er wegen der Straftat, „ *The Wife's Handbook" geschrieben und veröffentlicht zu haben, nicht von der Liste gestrichen werden sollte* . Die Angelegenheit wurde von der Malthusian League wärmstens aufgegriffen, und aus allen Teilen Großbritanniens sowie aus Frankreich, Deutschland, Holland, Italien, Indien und Jamaika gingen Proteste an das College. Von der Angelegenheit hörte man bis November nichts mehr, als Dr. Allbutt eine Mitteilung erhielt, er solle vor dem General Medical Council in London erscheinen, um darzulegen, warum sein Name nicht aus dem Register gestrichen werden sollte.

Am 23. November wurde die Beschwerde gegen Dr. Allbutt vom General Medical Council, einem aus 27 Ärzten bestehenden Gremium, geprüft. Dr. Allbutt wurde von Herrn Wallace (Rechtsanwalt) vertreten und die „Strafverfolgung" wurde von Herrn Muir Mackenzie, dem Rechtsberater des Rates, durchgeführt. Der Rat prüfte folgende Punkte: „(1) War „ *The Wife's Handbook* "eine faire medizinische Abhandlung oder war es eine unanständige Werbung? (2) War es praktisch eine Verletzung der Öffentlichkeit und eine Beleidigung des Berufsstandes?" Herr Wallace ging in einer sehr gekonnten Rede auf die Vorschläge des Ratsanwalts ein und stellte das Recht einer unverantwortlichen Körperschaft in Frage, zu entscheiden, ob eine bestimmte Interessensvertretung „die öffentliche Moral untergräbt". Wenn Dr. Allbutt gegen das Gesetz verstoßen hatte, konnte gegen ihn ein Gerichtsverfahren eingeleitet werden, und es war nicht Sache des Medical Council, über ihn zu urteilen. Herr Wallace rechtfertigte den Kurs, den Dr. Allbutt eingeschlagen hatte, indem er sein Werk zu einem niedrigen Preis veröffentlichte, um es den ärmsten Klassen zugänglich zu machen. Er machte die Mitglieder auf eine Liste der Petitionen aufmerksam, die dem Rat zu diesem Thema aus allen Teilen Europas vorgelegt worden seien. Sie beliefen sich auf über siebzig; viele von ihnen kamen aus medizinischen, wissenschaftlichen und politischen Gesellschaften. Er versicherte dem Rat, dass die Mitglieder der Ärzteschaft bei der Verurteilung von Herrn Allbutt keineswegs einstimmig seien und es den Gefühlen einer sehr beträchtlichen Minderheit widersprechen würde, wenn sie sich gegen seinen Mandanten entscheiden würden. Das Buch wurde mit dem ausdrücklichen Ziel geschrieben, arme Menschen vor dem Elend, der Armut und dem Hunger zu retten, die aus der Überproduktion von Kindern resultierten. und er bat den Rat abschließend, zu einer Entscheidung zu kommen, die seinen Klienten von der ihm auferlegten Anschuldigung befreien und ihn wieder in seine ordnungsgemäße Position bringen würde.

Nach einer vertraulichen Beratung des Rates verkündete der Präsident das folgende Urteil:

„Nach Ansicht des Rates hat Herr Allbutt die ihm zur Last gelegte Straftat begangen, nämlich ein Werk mit dem Titel „The Wife's Handbook" *in* London und anderswo zu einem so niedrigen Preis veröffentlicht und öffentlich zum Verkauf veranlasst zu haben um das Werk der Jugend beiderlei Geschlechts zugänglich zu machen, zum Nachteil der öffentlichen Moral. Zweitens handelt es sich bei der Straftat nach Ansicht des Rates um ein „übles Verhalten in beruflicher Hinsicht". Drittens wird der Standesbeamte hiermit angewiesen, den Namen von Herrn HA Allbutt aus dem *Ärzteregister* zu löschen ."

zu einem so niedrigen Preis " zu stoppen . Niemand wurde durch die schwerfälligen Verfahren dieses archaischen Tribunals auch nur um einen Cent geschädigt. Dr. Allbutt hat nie aufgehört, legal als Arzt zu praktizieren ; Zwanzig Ausgaben von *The Wife's Handbook* wurden herausgegeben und 180.000 Exemplare verkauft.

Dieser Fall erregte große Aufmerksamkeit in der Presse. Die *Pall Mall Gazette* erklärte: „Die Entscheidung des General Medical Council, den Namen eines Arztes aus seinen Verzeichnissen zu streichen, der „zu einem geringen Preis" Informationen über die besten Mittel veröffentlicht hat, um die übermäßige Vermehrung von Kindern über die Möglichkeiten ihrer Eltern hinaus zu verhindern B. des Lebensunterhalts oder der Möglichkeit von Bildung und Kontrolle, werden bald als eines der eklatantesten Beispiele beruflicher Vorurteile und menschlicher Torheit bekannt werden. Wenn ein so nüchterner Würdenträger wie Lord Derby sich verpflichtet fühlt, die Aufmerksamkeit auf den Anstieg unserer Bevölkerung um 400.000 pro Jahr als eines der drängendsten Probleme unserer Zeit zu lenken, ist es wirklich zu albern, als dass der General Medical Council es als „ „berüchtigt" ist ein Praktiker, der in einem Werk, gegen das keine Einwände wegen Unangemessenheit oder Unmoral erhoben werden, den Armen Informationen liefert, die die Reichen bereits besitzen."

Wir müssen nur einen späteren Versuch verzeichnen, in die freie Diskussion der Bevölkerungsfrage in diesem Land einzugreifen. Im Oktober 1891 wurde Herr HS Young, MA, vor das Polizeigericht in Bow Street geladen mit der Anklage, ein Flugblatt mit dem Titel *„Einige Gründe für die Befürwortung der aufsichtsrechtlichen Beschränkung von Familien"* per Post verschickt zu haben . Das Verfahren wurde nach dem Postschutzgesetz geführt. Herr Besley machte bei der Anklage die bemerkenswerte Aussage, dass der einzige Schutz gegen Unmoral in diesem Land die Angst vor einer Schwangerschaft sei! Zu seiner eigenen Verteidigung behauptete Herr Young, dass es keine „Obszönität" sei, die Armen darauf hinzuweisen, wie sie ihre Familien einschränken könnten. Der Richter (Herr Lushington) gab zu, dass das Flugblatt in einer sehr sorgfältigen Sprache verfasst war und keineswegs beleidigend sein sollte; Dennoch hielt er es für „obszön", verurteilte Herrn Young und verurteilte ihn zur Zahlung einer Geldstrafe von 20 Pfund plus Kosten. Der Angeklagte beantragte beim Richter, den Fall darzulegen, da er beabsichtigte, Berufung einzulegen; aber Herr Lushington weigerte sich, dies zu tun.

Diese Strafverfolgung führte zur Bildung eines freien Diskussionskomitees und in verschiedenen Teilen der Metropole fanden öffentliche Versammlungen statt, um gegen die Verletzung der öffentlichen Freiheit durch Gerichtsverfahren zu protestieren. Herr Young und seine Berater unternahmen wiederholte Versuche, den Fall vor ein Gericht zu bringen, doch technische Schwierigkeiten machten dies praktisch unmöglich, und die Angelegenheit wurde eingestellt.

Mittlerweile wird die Propaganda neumalthusianischer Ansichten stetig fortgeführt. Die Seiten von *The Malthusian* , dem monatlichen Organ der Liga, zeugen ständig von einer Aktivität, die nicht eilt und nicht ruht. Ob seine Energien durch die Verfolgung wieder angeregt werden, kann die Zeit allein zeigen.

Eine kurze Stellungnahme zur Stellung der malthusianischen Bewegung im Ausland kann diesem Kapitel sinnvoll hinzugefügt werden.

Holland. – Vor einigen Jahren wurde eine niederländische Malthusian-Liga von Herrn S. Van Houten (Doktor der Rechtswissenschaften und Stellvertreter), Herrn CV Gerritsen, Dr. C. de Rooy , Dr. Lobry de Bruyn und anderen gegründet. Im Jahr 1887 zählte die Liga zu ihren Mitgliedern allein in Amsterdam sechs Doktoren der Medizin, elf Doktoren der Rechtswissenschaften und drei Professoren der Universität. In Amsterdam gibt es seit langem eine Apotheke, in der eine Dame (Dr. Aletta H. Jacobs) und andere medizinische Mitarbeiter diejenigen betreuen und beraten, die praktische Informationen zu aufsichtsrechtlichen Kontrollen suchen. Viele arme verheiratete Frauen wenden sich an die Apotheke, um sich über die besten Methoden zu informieren, mit denen sie die Größe ihrer Familie begrenzen können. Die niederländische Malthusian-Liga hat mehrere Broschüren zur Bevölkerungsfrage herausgegeben. Im Jahr 1887 waren in einem Land mit einer geringeren Bevölkerung als London dreißigtausend Exemplare einer seiner Veröffentlichungen im Umlauf. Die jüngste Broschüre zum Malthusianismus aus der Feder von Herrn JA Van der Haven trägt den Titel „ *Die dunklen Niederlande und der Ausweg daraus*" . Der Autor zeichnet ein trauriges Bild vom Leben in einigen armen Vierteln Hollands, wo, wie er sagt, „Gelächter selten zu hören ist und Hunger und früher Tod ständige Besucher sind." Es besteht jedoch Hoffnung auf eine bessere

Zukunft. Herr Gerritsen erklärt, dass in Holland „Direktoren großer Industriebetriebe und Eisenbahngesellschaften ihre Arbeiter mit den Mitteln vertraut machen, mit denen sie verhindern können, dass sie in die Armut abdriften."

Deutschland. — Die malthusianische Frage war in Deutschland häufig Gegenstand von Diskussionen. Dr. Stille aus Hannover, Dr. Hans Ferdy , Dr. Mensinga , Dr. Zacharias und andere Ärzte haben immer wieder die öffentliche Aufmerksamkeit auf die Bedeutung des Themas gelenkt; Aber bis vor Kurzem war es nicht möglich, gemeinsam Anstrengungen zu unternehmen, um die öffentliche Meinung zu beeinflussen. Herr Max Hausmeister aus Stuttgart hat endlich eine Organisation zur Propaganda neumalthusianischer Ansichten ins Leben gerufen . Am 12. Februar 1892 fand in Stuttgart ein privates Treffen statt, „um die Zweckmäßigkeit der Gründung einer Malthusianischen Gesellschaft zu prüfen". Dies führte zur Gründung des *Sozial-Harmonischen Vereins* und zur Gründung einer monatlichen Zeitschrift, *Die Sozial Harmonie* , „um die Menschen in Deutschland über soziale, politische und wirtschaftliche Fragen und deren Zusammenhang mit sexuellen Fragen aufzuklären." ." (Abonnement: 2,50 Mark pro Jahr.) Deutschland bietet mit seiner wimmelnden Bevölkerung verarmter Arbeiter ein enormes Feld für malthusianische Propaganda.

Allein in Holland und Deutschland, unter den kontinentalen Ländern, hat die malthusianische Sichtweise organisierten Ausdruck gefunden. Obwohl *Frankreich* in der Praxis äußerst umsichtig ist, ist es in der Theorie stark antimalthusianisch, zumindest was die herrschende Klasse betrifft. Dr. Lutaud , Le Blond und Rebanté aus Paris gehören zu den prominenten Anhängern der neu-malthusianischen Bewegung in Frankreich.

In *Indien* wurde kürzlich die öffentliche Aufmerksamkeit auf die Bevölkerungsfrage gelenkt, als die Polizeibehörden eine Strafverfolgung gegen die Herren Taraporewalla & Sons aus Bombay einleiteten, weil sie Kopien einer Broschüre mit dem Titel „ *True Morality" verkauft hatten; oder, The Theory and Practice of New-Malthusianism* , von Herrn JR Holmes. Der Chief Presidency Magistrate verurteilte die Angeklagten und verhängte eine Geldstrafe von 201 Rupien (ca. 12,10 £). Die Verurteilung konnte nicht ohne öffentlichen Protest erfolgen. Der Herausgeber einer Zeitschrift aus Bombay schrieb: „Der Kampf wurde im Westen ausgefochten und gewonnen, und das Thema wird in den führenden Rezensionen mehr oder weniger direkt behandelt, und Bücher und Broschüren werden in England offen verkauft." Unsere Pflicht hier ist klar genug. Sollen die Freidenker in Indien, ob New-Malthusianer oder nicht, stillschweigend zusehen, wie die freie Diskussion dieser Frage der Öffentlichkeit vorenthalten wird? Wir sind uns vollkommen bewusst, dass es zwar viele gibt, die bei dieser Arbeit helfen werden, aber leider nur wenige! Wie wenige! – die offen die Hauptlast des Kampfes tragen werden. Es gibt jedoch mindestens einen, der es tun wird. Aber werden die anderen dastehen und helfen, wo immer sie können, wenn auch im Stillen?" Der Wohlstandsstandard unter der wimmelnden einheimischen Bevölkerung Indiens ist beklagenswert niedrig, das durchschnittliche Pro-Kopf-Einkommen in den Nordwestprovinzen beträgt nicht mehr als 22½ Rupien (z. B. 1,8 Shilling, 6 Pence) pro *Jahr* . Und doch werden diejenigen, die versuchen, die armen Ryots aus ihrer abgründigen Armut und ihrem Elend zu befreien, mit den selbstgefälligen Konventionalitäten Westeuropas konfrontiert und als Verbreiter „obszöner" Literatur bestraft!

In Amerika gibt es keine malthusianische Organisation , aber in verschiedenen Teilen des Landes gibt es viele Sympathisanten der Bewegung. Dr. EB Foote jr. aus New York ist ein äußerst aktiver und ernsthafter Verfechter malthusianischer Ansichten und hat mehrere populäre Werke zu diesem Thema verfasst. Die Zoll- und Postverbote sind hinsichtlich der Zulassung und Weitergabe malthusianischer Literatur und Geräte sehr streng. Vor einigen Jahren wurde der verstorbene Mr. DM Bennett in Auburn zu einer Gefängnisstrafe verurteilt, weil er per Post eine Broschüre von Mr. Heywood zur Heiratsfrage verschickte. Unmittelbar nach seiner Verhaftung erklärte Herr Bennett: „Mein einziger Zweck beim Verkauf dieser Broschüre besteht darin, die Gedanken-, Presse- und Postfreiheit zu verteidigen." Ich habe immer erklärt, dass ich damit nicht einverstanden bin; aber solange Mr. Heywood dies tut, erkläre ich, dass er das Recht hat, es zu verschicken, als Teil seines Rechts, es zu veröffentlichen, und als notwendiger Teil der Pressefreiheit. Wenn das bedeutet, dass ich ins Gefängnis muss, dann soll das Gefängnis sein."

Aus dieser notwendigerweise dürftigen und unvollständigen Skizze der Lage der Bewegung im Ausland wird ersichtlich, dass die Theorie von Malthus allmählich das Denken auflöst und dazu beiträgt, das Schicksal der zivilisierten Welt zu gestalten.

---

1 Vorwort zum Sonderbericht des Prozesses.

2 *Luzifer* , Juli 1891.

3 Siehe Anhang.

KAPITEL IV.

Eine gerichtliche Rechtfertigung des Neumalthusianismus.

Wie wir im vorangegangenen Kapitel gezeigt haben, wurden wiederholt Versuche unternommen, die Befürwortung neumalthusianischer Ansichten durch rechtliche Verfahren zu unterdrücken. Diese Versuche sind gescheitert, da sie zum Scheitern verurteilt waren. Durch die seltsame Ironie des Schicksals ist in der Tat eine der kraftvollsten, logischsten und überzeugendsten Rechtfertigungen für die kluge Beschränkung von Familien von der Richterbank ausgegangen. Das berühmte Urteil vom 12. Dezember 1888 von Richter Windeyer , Senior Puisne-Richter am Obersten Gerichtshof von New South Wales, ist ein so wichtiger Beitrag zur Diskussion dieser Frage, dass es sinnvoll wäre, ein Kapitel einer Zusammenfassung zu widmen seine Argumente und Schlussfolgerungen.

Ein stipendiatischer Richter in New South Wales verurteilte Herrn WW Collins wegen des Verkaufs eines „obszönen" Buches, nämlich „ *The Law of Population"* , geschrieben von Frau Annie Besant. Herr Collins legte gegen diese Verurteilung Berufung beim Obersten Gerichtshof ein, der aus dem Obersten Richter Darley und den Richtern Windeyer und Stephen besteht. Es ging lediglich um die Frage, ob das Werk „obszön" sei; Daraufhin wurde das Urteil des Gerichts gefällt (der Oberste Richter stimmte nicht überein), dass die Verurteilung aufgehoben werden sollte.

sagte Richter Windeyer :

> Ein Gericht muss nun zum ersten Mal entscheiden, ob es zulässig ist, in anständiger Weise, mit Ernsthaftigkeit des Denkens und nüchterner Sprache das Recht verheirateter Männer und Frauen, die Zahl der von ihnen zu zeugenden Kinder zu begrenzen, zu vertreten solche Mittel, von denen die medizinische Wissenschaft sagt, dass sie möglich und nicht gesundheitsschädlich sind. An der enormen Bedeutung dieser Frage, nicht nur für Menschen mit begrenzten Mitteln in jeder Gesellschaft und jedem Land, sondern auch für Nationen, deren Bevölkerung tendenziell schneller wächst als die Mittel zum Lebensunterhalt, besteht nicht der geringste Zweifel. Seit den Tagen, als Malthus zum ersten Mal verkündete, dass seine Ansichten zu diesem Thema falsch dargestellt und verunglimpft würden, da die Urheber neuer Ideen normalerweise von Unwissenden und Denklosen stammen, drängt sich die Frage nicht nur den damit befassten Denkern und Sozialreformern mit

zunehmender Intensität auf Obwohl wir es nur abstrakt verstehen, ist die Notwendigkeit, das Problem der Überbevölkerung praktisch anzugehen, zu einem Thema geworden, das von Staatsmännern und Politikern öffentlich diskutiert wird. Es steht nicht mehr in Frage, ob es sinnvoll ist, das Anwachsen einer armen Bevölkerung mit all den damit einhergehenden Miseren zu verhindern, die auf Halbhunger, Überfüllung, Krankheit und eine geschwächte nationale Verfassung zurückzuführen sind; Aber wie können Länder, die unter all diesen Ursachen des nationalen Verfalls leiden, eine nationale Katastrophe abwenden, indem sie die Produktion von Kindern eindämmen, deren Leben allzu oft ein Elend für sie selbst, eine Belastung für die Gesellschaft und eine Gefahr für den Staat sein muss?

Seine Lordschaft wies darauf hin, dass die öffentliche Meinung so weit fortgeschritten sei, dass die abstrakte Notwendigkeit einer aufsichtsrechtlichen Beschränkung mittlerweile allgemein anerkannt sei. „Staatsmänner, Rezensenten und Geistliche stimmen in einem gemeinsamen Chor der Ermahnungen gegen unvorsichtige Ehen mit der Arbeiterklasse ein und predigen ihnen die Notwendigkeit, die Zeremonie aufzuschieben, bis sie über die notwendigen Kompetenzen verfügen, um die wirklich britische Familie mit zehn oder zwölf Kindern zu ernähren.“ .“ Es ist jedoch vergeblich zu hoffen, dass Zölibat und Enthaltsamkeit die Lösung dieser Frage sein werden. Die protestantische Welt hat die Idee eines zölibatären Klerus als unvereinbar mit der Reinheit und der Sicherheit weiblicher Tugend abgelehnt. Wie können wir dann erwarten, dass Männer und Frauen „mit mehr oder weniger verkümmerter moralischer Natur in Höhlen zusammengepfercht sind, in denen die kargen Lebensbedingungen selbst elementare Vorstellungen von Bescheidenheit ausschließen, und die keine Freuden des Lebens haben außer denen, die man genießt?“ Gemeinsam mit den Tieren – … diese Opfer eines sozialen Zustands, für den die Gebildeten verantwortlich sind, wenn sie nicht ihre überlegene Weisheit und ihr Wissen zu dessen Wiedergutmachung einsetzen, um alle Selbstbeherrschung auszuüben, zu der der zölibatäre Geistliche unfähig sein soll ”?

Der Richter argumentierte dann weiter, dass, da die Übel der Überbevölkerung fast allgemein anerkannt seien, auch die Pflicht anerkannt werden müsse, den Menschen die praktische Möglichkeit zu vermitteln, ihnen zu entkommen :

Warum ist der Philosoph, der die Natur der Krankheit beschreibt, an der wir leiden, der die Ursachen, die sie hervorrufen, und den allgemeinen Charakter der anzuwendenden Heilmittel erkennt, als ein Weiser und

Wohltäter anzusehen, aber als seine notwendige Ergänzung
in die Entwicklung einer großen Idee, der Mann, der die
Theorien des abstrakten Denkers in die Praxis umsetzt, als
Verbrecher angeprangert werden? Erst als Jenner es wagte,
auf der Grundlage seiner Beobachtungen zu handeln, wurde
er in einer Sprache angeprangert und verunglimpft, die
heute kaum noch vorstellbar ist.

Die gesamte Geschichte hat jedoch gezeigt, dass die öffentliche Meinung
voranschreitet, während das Gesetz unbeweglich bleibt; und Märtyrer
müssen leiden, bis das Gesetz mit dem öffentlichen Gewissen in Einklang
gebracht wird:

> In allen Gesellschaften scheint es eine bestimmte Anzahl
> von Strafverfolgungen nach dem Gesetz zu geben, eine
> bestimmte Anzahl von Opfern der Unwissenheit oder des
> Aberglaubens derjenigen, die es erfunden haben, eine
> bestimmte Anzahl von Verurteilungsverweigerungen
> aufgrund eines wachsenden Bewusstseins für dessen
> Unweisheit, Ungerechtigkeit und Barbarei Die Stufen, die
> Gesetze durchlaufen, die mit dem Ziel erlassen wurden, die
> Meinungen der Menschheit zu erzwingen, bevor sie obsolet
> werden, wenn sie von einem Richter erlassen wurden, oder,
> wenn es sich um Gesetze handelt, aufgehoben werden, da
> sie mit der fortschreitenden Erkenntnis unvereinbar sind.

Im Hinblick auf die vorliegende Broschüre wies der Richter darauf hin, dass
sie ihnen nicht als obszöne Verleumdung des Gewohnheitsrechts vorliege.
Die Frage, ob der in dem Buch vertretene Zweck (*dh* die Begrenzung von
Familien) nicht mit den Moralvorstellungen der Gesellschaft vereinbar sei,
war daher nicht relevant. Sie mussten lediglich nachfragen, ob die in dieser
Broschüre enthaltenen Einzelheiten zu den Aufsichtskontrollen nicht mit
dem Anstand vereinbar seien. In der Argumentation wurde eingeräumt, dass
der größte Teil der Arbeit, der sich mit der *abstrakten* Notwendigkeit einer
Bevölkerungsbegrenzung befasste, nicht obszön war. Der einzige Teil, gegen
den Obszönität behauptet wurde, war das Kapitel, in dem die *Mittel*
angegeben wurden, mit denen eine Empfängnis verhindert werden konnte,
und in dem die weiblichen Geschlechtsorgane, soweit für den Zweck
erforderlich, beschrieben wurden.

Somit wurde die Frage aufgeworfen: Was ist Obszönität? Nachdem Richter
Windeyer die in einem früheren Fall übernommene Definition des Wortes
zitiert hatte, legte er den Grundsatz fest: „Es sind die Umstände, unter denen
Äußerungen veröffentlicht oder Handlungen vorgenommen werden, die
darüber entscheiden, ob Äußerungen oder Verhaltensweisen obszön sind.“

Keine natürliche Funktion des Körpers ist an sich obszön. In der physischen Konstitution des Menschen, einschließlich all seiner natürlichen Instinkte, gibt es nichts Unheiliges oder Unreines." Aber bestimmte natürliche Handlungen würden, wenn sie öffentlich ausgeführt würden, einen groben Verstoß gegen den Anstand darstellen. Ebenso würde eine Sprache, die bei bestimmten Gelegenheiten zulässig und notwendig sein könnte, offensichtlich einen Verstoß gegen den Anstand darstellen, wenn sie verwendet würde, wenn der Anlass dies nicht rechtfertigte:

> Wenn eine Sprache als obszön beanstandet wird, stellt sich daher die Frage, ob der Anlass, bei dem sie verwendet wurde, ihre Verwendung in der Art und Weise rechtfertigt, auf die zurückgegriffen wird. Ich finde, dass diese Rechtsauffassung von dem bedeutendsten Autor des Strafrechts der Neuzeit vertreten wird – dem scharfsinnigsten Denker, Sir James Stephen. Dieser gelehrte Richter schreibt in seinem Digest of the Criminal Law, S. 105 trägt als wahre Rechtsauffassung in Bezug auf die Veröffentlichung von Sachverhalten vor, die obszön wären, wenn sie nicht durch den Anlass gerechtfertigt wären:

> „Eine Person (sagt er) ist berechtigt, abscheuliche Gegenstände auszustellen oder obszöne Bücher, Papiere, Schriften, Bilder, Zeichnungen oder andere Darstellungen zu veröffentlichen, wenn ihre Ausstellung oder Veröffentlichung dem öffentlichen Wohl dient und für die Religion notwendig oder vorteilhaft ist." Moral, die Rechtspflege, das Streben nach Wissenschaft, Literatur oder Kunst oder andere Ziele von allgemeinem Interesse; Die Rechtfertigung entfällt jedoch, wenn die Veröffentlichung in einer Weise, in einem solchen Umfang oder unter solchen Umständen erfolgt, dass sie über das hinausgeht, was das öffentliche Wohl in Bezug auf die bestimmte veröffentlichte Angelegenheit erfordert."

Herr Richter Windeyer sagte, er akzeptiere diese Ansicht als Gesetz, und die zu prüfende Frage sei, ob das Kapitel, in dem die Aufsichtskontrollen detailliert beschrieben werden, die Veröffentlichung obszön mache. Um dies festzustellen, war es notwendig, das Werk als Ganzes zu betrachten, um festzustellen, ob die beanstandete Formulierung durch den Anlass gerechtfertigt war:

> Da nicht geleugnet werden kann, dass die zur Diskussion gestellte Frage von enormer Bedeutung ist und dass es richtig ist, abstrakt die Zweckmäßigkeit der Eindämmung

der fortschreitenden Bevölkerungsflut zu befürworten, erscheint es mir unmöglich, eine Formulierung zu finden, die besagt, wie dies geschehen kann eine Handlung ist unanständig, wenn sie nicht über das für diesen Zweck erforderliche Maß hinausgeht. Nachdem ich das dritte Kapitel der Broschüre sorgfältig gelesen habe, scheint es mir, dass es in einer angemessenen, nüchternen Sprache geschrieben ist. Ich sehe in seiner Sprache nichts, was ein ernsthaft denkender Mann oder eine ernsthafte Frau mit reinem Leben und reiner Moral nicht gegenüber jemandem seines oder ihres eigenen Geschlechts verwenden könnte, wenn er oder sie ihm oder ihr erklären würde, was notwendig ist, um die Methoden zu verstehen, mit denen geheiratet wird Die Menschen könnten verhindern, dass die Zahl ihrer Kinder über ihre Möglichkeiten für den Lebensunterhalt hinaus anwächst. Nichts deutet darauf hin, dass jede Sprache mit der Absicht verwendet wird, Gefühle von Wollust und Lust zu erregen; und es bedarf nur einer geringen Kenntnis der Ärzteschaft, um zu entdecken, dass die in diesem Kapitel gegebenen Ratschläge von ihnen häufig an Frauen gegeben werden, die unter übermäßiger Geburt leiden, und an solche, für die die Geburt gefährlich ist. Die im dritten Kapitel der Broschüre enthaltenen Informationen sind, wenn sie von einem Arzt einer Patientin gegeben werden, die an Übermutterschaft leidet, oder wenn sie im ehelichen Vertrauen geflüstert oder in der Privatsphäre, die zwischen der Autorin und dem Leser ihrer Broschüre besteht, weitergegeben werden keine Obszönität; Auch wenn die öffentliche Bekanntgabe derselben Information auf einem Plakat in der George Street oder Piccadilly, damit alle, die rannten, es lesen konnten, eine Obszönität der gröbsten Art wäre, so verändern doch die Umstände einer Veröffentlichung eindeutig ihren Charakter. Wenn zugegeben wird, dass die Informationen, physiologische und sonstige, in Kapitel III. in teuren medizinischen Werken zu finden ist, kann es den Charakter der Informationen nicht beeinträchtigen, weil es obszön ist, dass sie in billiger Form gegeben werden. Informationen können in Marokko für eine Guinea nicht rein, keusch und legal sein , aber in einer Papierbroschüre für Sixpence sind sie unrein, obszön und strafbar. Um aus nationaler Sicht einen Wert als Schutz vor dem Elend der Überbevölkerung und Überbelegung zu haben, müssen die Informationen flächendeckend an die Massen weitergegeben werden, die zur Überzüchtung neigen. Die Zeit ist vorbei, in der Wissen als ausschließliches Privileg jeder Kaste oder Klasse angesehen werden kann. Die Tatsache, dass ein Buch lüsterne Gedanken hervorrufen kann, wenn es von Minderjährigen und Jugendlichen zu diesem Zweck verwendet wird, macht es nicht obszön.

Der Einwand, der vorgebracht wurde, dass die vorgeschlagenen Mittel zur Verhinderung einer Empfängnis von Unverheirateten und Unmoralischen genutzt werden könnten, um ihnen zu ermöglichen, sich sicher dem Laster hinzugeben, ist einfach die Anwendung der explodierten Täuschung dieses Wissens auf dieses Thema ist eine gefährliche Sache. … Die Zeiten sind sicherlich vorbei, in denen das Argument vertreten werden kann, dass die Kenntnis irgendeiner Wahrheit, sei es in der Physik oder im Bereich des Denkens, unterdrückt werden sollte, weil ihr Missbrauch für die Gesellschaft gefährlich sein könnte. Die Vormundschaft des Eunuchen und die Abgeschiedenheit des Harems waren nicht notwendig, um den Nationalcharakter englischer Frauen für Keuschheit zu stärken; und es ist eine Beleidigung für sie zu behaupten, dass es notwendig sei, sie über sexuelle Angelegenheiten in Unwissenheit zu halten, um diese aufrechtzuerhalten. Unwissenheit ist ebenso wenig die Mutter der Keuschheit wie der wahren Religion.

Herr Richter Windeyer untersuchte dann die Behauptung, dass die aufsichtsrechtliche Beschränkung von Familien „eine Verletzung der Naturgesetze und eine Vereitelung der Ziele der Natur" sei:

Das Argument, dass die Natur es vorsieht, dass jede Frau so oft wie möglich schwanger wird, würde, wenn man es auf die logische Schlussfolgerung bringt, zu dem indischen Brauch führen, jedes weibliche Kind bei Erreichen der Pubertät zu heiraten, damit keine Gelegenheit zur Empfängnis verloren geht. In allen anderen Fragen der Zucht außer der überaus wichtigen Frage der Zucht der menschlichen Rasse besteht das Ziel des Menschen darin, die Auswirkungen der natürlichen Fortpflanzungsgesetze zu überwinden und die Anzahl und Art der produzierten Tiere auf das erforderliche Maß zu beschränken der Gebrauch des Menschen. Die Kräfte der Natur, blind und rücksichtslos in ihrer Wirkung, kontrollieren und besiegen wir in ihrer

Wirkungsweise mit allen Mitteln, die uns die Wissenschaft zur Verfügung stellt. Um Kirchen und Krankenhäuser vor der Wirkung der Naturgesetze zu schützen, haben wir Ableiter aufgestellt, um die unaufhaltsamen Auswirkungen von Blitzen einzudämmen, die unbarmherzig zerstören würden, was Frömmigkeit und Menschlichkeit schützen würden. Der Lauf der Natur besteht darin, eine edle Frau, eine hingebungsvolle Ehefrau und liebevolle Mutter zu töten, wenn ihr Becken zu klein ist, um die Geburt eines Kindes mit einem ungewöhnlich großen Kopf zuzulassen. Die von der Wissenschaft unterstützte Praxis des zivilisierten Menschen besteht in einem solchen Fall der Geburt darin, das Kind zu zerstören und die Mutter zu retten. Der Eingriff in den Lauf der Natur ist direkt, die Praxis keineswegs natürlich; aber die aufgeklärte öffentliche Meinung verurteilt es in keiner Weise. Aber wenn das Becken einer Frau so ungewöhnlich klein ist, dass sie nur unter Lebensgefahr ein Kind zur Welt bringen kann, wo bleibt dann die Unmoral des Mannes und der Frau, die auf präventive Kontrollen zurückgreifen, die ein Leben retten können, das ihnen am Herzen liegt? und vielleicht wertvoll für die Welt? Es sind allein unbegründete Vorurteile, die den Einwand auslösen, dass eine solche Verhinderung aller körperlichen Qualen, die mit einer schmerzhaften und gefährlichen Entbindung und dem möglichen Verlust von Menschenleben einhergehen, unmoralisch und unnatürlich sei.

Der Fall der Königin *vs* Bradlaugh und Besant (auf die im vorangegangenen Kapitel ausführlich Bezug genommen wurde) wurden als Autoritäten zur Stützung der Behauptung angeführt, dass „ *The Law of Population* " ein obszönes Buch sei, sowohl in Bezug auf die Broschüre, die Gegenstand dieser Strafverfolgung war, als auch in Bezug auf die Veröffentlichung wegen der die Angeklagten verurteilt wurden, plädierte für die Einführung präventiver Kontrollen. Herr Richter Windeyer weigerte sich jedoch, diesen Fall als verbindlichen Präzedenzfall zu akzeptieren:

> Wie ich bereits dargelegt habe, kann der Fall in diesem Punkt nicht als Autorität angesehen werden, da es sich dabei um die Frage handelte, ob es sich bei der Broschüre um eine obszöne Verleumdung handelte. Ob das Urteil der Jury in diesem Fall richtig war, ist keine Frage des Rechts, sondern der Meinung. Wenn ich die Zusammenfassung von Lord Chief Justice Cockburn mit einigen Kenntnissen über die

gerichtliche Art und Weise lese, Straffälle einem Geschworenengericht vorzulegen, scheint es mir, dass der gelehrte Oberste Richter, obwohl er keine direkte Meinung über seinen Charakter geäußert hat, dachte, das Buch sei es nicht eine obszöne Verleumdung und führte die Jury vorsichtig zu dieser Schlussfolgerung. An die Meinung einer Jury, die sich mit einer so heiklen sozialwissenschaftlichen Frage befasst, die ihnen vorgelegt wurde, wahrscheinlich ohne vorherige Kenntnis von Themen dieser Art, möchte ich mich in keiner Weise binden; und ich zögere nicht, zu sagen, dass ich, wenn ich Mitglied der Jury gewesen wäre, auf die Argumentation von Lord Chief Justice Cockburn reagiert und die Angeklagten freigesprochen hätte. Nicht nur scheint mir der gesamte Tenor der Zusammenfassung seiner Lordschaft argumentativ zugunsten der Angeklagten zu sein, sondern es scheint mir auch, dass aus bestimmten Passagen eindeutig die Schlussfolgerung gezogen werden kann, dass er weder über die physiologischen Details des Buches nachgedacht hat waren obszön, noch war man der Meinung, dass seine Lehre Unmoral fördern würde.

Herr Richter Windeyer zitierte mehrere Passagen aus dem Urteil von Sir Alexander Cockburn, um seine Ansicht zu untermauern, dass der Lord Chief Justice die empfohlenen vorbeugenden Kontrollen nicht als unmoralisch ansah. Wie, fragte er, könnte ein vernünftiger Mann den Wunsch verheirateter Menschen, nicht mehr Kinder auf die Welt zu bringen, als sie ernähren können, und die Einführung der notwendigen Mittel, um diesen Wunsch zu verwirklichen, als unmoralisch verurteilen ?

Anstelle von Armen soll es sich um schwindsüchtige Eltern handeln oder um Eltern, bei denen einer von ihnen Symptome von Wahnsinn entwickelt hat. Wer könnte annehmen, dass ein Geschworenengericht die von ihnen ergriffenen Mittel zur Verhinderung der Zeugung zahlreicher Kinder, die krank und gebrechlich sind oder mit Sicherheit einen Anflug von Geisteskrankheit erben werden, als etwas anderes als natürlich und richtig ansehen würde und dass die Wahl irgendeines Mittels anders wäre Dass die medizinische Wissenschaft vorschlagen könnte, dies zu verhindern, ist nicht nur nicht unmoralisch, sondern im höchsten Maße lobenswert? Wenn es nicht unmoralisch ist, das zu tun, was in der Broschüre befürwortet wird, scheint es mir unmöglich zu sein, zu argumentieren, dass die bloße Befürwortung selbst eine Straftat darstellt. Die Frage ist: Woher kommt die Unmoral? Unrecht kann nur in Bezug auf andere oder in Bezug auf sich selbst als solches betrachtet werden. Liegt bei der Einführung des präventiven Geschlechtsverkehrs eine Verletzung der Rechte anderer vor? Sicherlich keine. Der Einsatz der Präventivkontrollen kann nur aus Selbstachtung als mögliches Unrecht angesehen werden. Wie kann mit einiger Vernunft argumentiert werden, dass der Einsatz präventiver Kontrollen (vielleicht aufgrund der Entschlossenheit, keine Kinder zur Welt zu bringen, die nicht einmal ernährt werden können) für Personen, die von einem Pflichtgefühl beseelt sind, moralisch schädlich sein kann? auf dem edelsten Altruismus gegründet ? Die Welt bräuchte kaum Strafgesetze, wenn die Rücksichtnahme auf die Rechte anderer das Verhalten der gesamten Menschheit bestimmen würde. Aktiver Altruismus – das charakteristische Merkmal der christlichen Lehre, das in dem Gebot verankert ist: „Behandle andere so, wie du willst, dass die Menschen dir tun sollten" – kann in seiner Anwendung niemals schädliche Auswirkungen auf die moralische Natur derjenigen haben, die ihn in die Tat umsetzen wollen Rücksicht auf jedes Verhalten, das das Glück anderer beeinträchtigen könnte. Das tiefgründige Gesetz der Ethik, dass wir uns unbewusst selbst nützen, wenn wir versuchen, anderen Gutes zu tun, gilt hier nicht weniger als in allen anderen Phasen menschlichen Verhaltens. Jeder Gedanke, der zum Wohle anderer unternommen wird, jede Anstrengung, die zum Wohle anderer unternommen wird, muss den Denker und den Schauspieler erheben. Wer würde sagen, dass die niederträchtigen und bösartigen Eltern der Gossenkinder im Osten Londons, die inmitten aller moralischen Schrecken der Überfüllung aufwuchsen, halb verhungert und im Wachstum zurückgeblieben waren, ohne elementare Vorstellungen von Anstand oder Moral – wer würde das sagen? Wären sie nicht moralisch überlegen gewesen, wenn sie das Unrecht, das sie mit der Geburt solcher Nachkommen auf der Welt begangen haben, hätten erkennen und Maßnahmen ergreifen können, um dies zu verhindern? Wer würde sagen, dass die Zukunft der Gesellschaft nicht unendlich bessere Aussichten hätte, wenn die Zucht solcher Kinder durch die eheliche Klugheit der Eltern verhindert würde, die auf den Einsatz von Mitteln zurückgreifen, die ihre Fortpflanzung verhindern würden? Es ist müßig, der Masse die Notwendigkeit einer aufgeschobenen Ehe und eines zölibatären Lebens während der Blütezeit der Leidenschaft zu predigen. Der Versuch, den Schrei der menschlichen Natur zu unterdrücken, der mit der Stimme ihres stärksten Instinkts zum Ausdruck kommt, bedeutet in der Tat, der Natur ins Gesicht zu sehen. Wie alle Versuche, das Verhalten durch Missachtung der Tatsachen der menschlichen Natur zu regulieren, muss auch dieser Versuch scheitern. Prostitution mit all ihren Schrecken ist das Ergebnis eines erzwungenen unnatürlichen Zölibats. Das wahre Ziel des Menschen, das wahre Ziel aller Moral, ist es, jede von Gott gegebene Fähigkeit zu nutzen und nicht zu missbrauchen, sie in ihrem Wirken zu lenken und zu kontrollieren .

Zum Abschluss dieses denkwürdigen Urteils erklärte Herr Richter Windeyer , dass er nicht versuchen werde, sich der Verantwortung für die Entscheidung der ihm vorgelegten Angelegenheit zu entziehen, indem er sich hinter den Entscheidungen anderer Richter verbirgt, deren unbegründete Meinungen gegenüber unwiderlegten Argumenten kein Gewicht haben:

Die Angst vor der weltweiten Kritik an diesem Thema ist so groß, dass nur wenige den Mut haben, ihre Ansichten dazu offen zu äußern. und es ist so beschaffen, dass nur unter Denkern, die alle Themen diskutieren, oder unter engen Bekannten eine gemeinsame Denkweise zu dieser Frage entdeckt wird. Aber lasst sich jemand bei jenen erkundigen, die über ausreichende Bildung und die Fähigkeit verfügen, selbstständig zu denken, und die nicht untätig herumschweben und der Strömung der konventionellen Meinung verfallen, und er wird entdecken, dass zahlreiche Männer und Frauen mit reinstem Leben und edelsten Bestrebungen Fromme, gebildete und gebildete Menschen sehen kein moralisches Verwerfliches darin, den Unwissenden beizubringen, dass es falsch ist, Kinder auf die Welt zu bringen, denen sie nicht gerecht werden können, und die es für töricht halten, ihnen nicht einfach und deutlich zu sagen, wie sie das verhindern können . Eine fundiertere Sichtweise der Moral lehrt, dass es kindisch ist, menschliche Leidenschaften und die menschliche Physiologie zu ignorieren. Eine klarere Wahrnehmung der Wahrheit und die Sicherheit, sich auf sie zu verlassen, lehrt, dass es im Recht wie in der Religion sinnlos ist, das Wissen der Menschheit durch irgendwelche inquisitorischen

Versuche einzuschränken , Werke des Expurgatorius, die mit einem ernsthaften Zweck geschrieben und empfohlen wurden, auf einen juristischen Index zu *setzen* sich selbst zu Denkern mit ausgeglichenem Geist. Ich werde mich an keinem solchen Versuch beteiligen. Ich glaube nicht, dass jemals beabsichtigt war, dass das Obscene Publication Act auf Fälle dieser Art Anwendung finden sollte, sondern nur auf die Veröffentlichung von Dingen, die alle guten Männer als anstößig und schmutzig ansehen würden, auf anstößige und derbe Romane, Bilder und Ausstellungen offensichtlich veröffentlicht und aus Profitgier gegeben. Es hätte niemals die Absicht sein können, die Meinungsäußerung ernsthaft denkender Menschen zu einem Thema von überragender nationaler Bedeutung wie der Gegenwart zu unterdrücken; und ich werde es zu diesem Zweck nicht belasten. Wie Lord Chief Justice Cockburn im Fall der Queen *versus* betonte Bradlaugh und Besant, alle Strafverfolgungen dieser Art sollten als bösartig angesehen werden, selbst von denen, die die Meinungen, die unterdrückt werden sollen, missbilligen, da sie nur dazu führen, die beanstandete Lehre weiter zu verbreiten. Für diejenigen hingegen, die ihre Veröffentlichung wünschen, muss es eine Gratulation sein, dass dieser Wille, wie alle versuchten Denkerverfolgungen, sein eigenes Ziel verfehlt und dass die Wahrheit wie eine Fackel „leuchtet, je mehr sie geschüttelt wird".

Da ich den Eindruck habe, dass dieses Buch weder in seiner Sprache obszön ist, noch durch seine Lehren Menschen zu Obszönitäten anstiftet, bin ich der Meinung, dass das Verbot aufgehoben werden sollte.

Herr Richter Stephen stimmte dem gefällten Urteil zu und die Verurteilung von Herrn WW Collins wurde daher aufgehoben.

Wir können dieses Kapitel passend abschließen, indem wir aus *The Malthusian* eine Notiz wiedergeben, in der der Autor kurz den Charakter von Herrn Justice Windeyer beschreibt :

„Schon als Kind traf ich Mr. Windeyer in seinem Haus in Tomago am Hunter River. Sein damals verstorbener Vater war in der Kolonie ein recht bemerkenswerter Mann gewesen, als fähiger, unerschrockener, beliebter und hochgesinnter Politiker; und der junge Windeyer schien der Sohn seines Vaters zu sein – offen, offen, ungekünstelt und mit einem feinen Gentleman-Gehabe. Seitdem hat seine Karriere ihr anfängliches Versprechen vollkommen erfüllt; und für Sie als leidenschaftlichen Verfechter des

Neumalthusianismus liegt die Stärke der Unterstützung und Ermutigung meiner Meinung nach vor allem in der Tatsache, dass Richter Windeyer nicht nur ein Mann mit großen juristischen Fähigkeiten, sondern auch mit einem hohen moralischen Charakter ist."

KAPITEL V.

Aufsichtsrechtliche Kontrollen.

Wenn man die Gültigkeit der malthusianischen Position anerkennt, gibt es keinen logischen Ausweg aus der Schlussfolgerung, dass das Wissen um unschuldige Mittel, durch die Familien eingeschränkt werden können, dem Volk vermittelt werden sollte. Doch mit charakteristischer Widersprüchlichkeit wird die öffentliche Befürwortung des Malthusianismus in seiner abstrakten Form mit Zustimmung betrachtet, während die praktische Anwendung des Prinzips mit dem Papageienschrei der „Obszönität" beantwortet und mit Strafen bedroht wird. Im Windeyer-Urteil wird darauf hingewiesen, dass das Verfahren gegen Herrn Collins nicht auf den Teilen von Frau Besants Broschüre beruhte, in denen das Thema philosophisch diskutiert wurde, sondern auf den Passagen, in denen die vorbeugenden Kontrollen beschrieben wurden. Ein bedeutender englischer Staatsmann, Herr John Morley, hat in einer öffentlichen Rede auf der „lebenswichtigen Bedeutung" der Bevölkerungsfrage bestanden und fügte hinzu: „Ich wünschte, wir würden uns nicht so sehr davor drücken." Ein beliebter englischer Geistlicher, Rev. HR Haweis , hat in einer beliebten Wochenzeitung erklärt, dass das wichtigste Mittel gegen Armut darin besteht, „das Familienwachstum entsprechend den finanziellen Mitteln der Familie zu kontrollieren". Aber wenn der Sozialreformer von vagen Geboten zu direkter Belehrung übergeht, wird er mit einem anomalen Gesetz konfrontiert, das ihn als Feind der öffentlichen Moral bedroht.

Das Tragische an dieser ansonsten lächerlichen Inkonsistenz liegt darin, dass das Wissen über Aufsichtskontrollen gerade der Klasse vorenthalten wird, die solche Informationen am dringendsten benötigt. Allein die *Armen* leiden akut unter den Auswirkungen der Überbevölkerung: Sie sind es, die den eigentlichen Schmerz der Not spüren, wenn der geringe Lohn auf einen großen Familienbereich verteilt wird. Für die Wohlhabenden gibt es kein Geheimnis, wenn es um aufsichtsrechtliche Kontrollen geht. Der Hausarzt wird der wohlhabenden Oberin, deren Köcher ausreichend gefüllt ist, diskret ins Ohr flüstern. Teure medizinische Werke mit ausführlichen Anweisungen stehen denjenigen zur Verfügung, die es sich leisten können, sie zu kaufen. Warum sollten die Armen über eine für sie äußerst wichtige Angelegenheit im Unwissen bleiben?

Bei den Aufsichtskontrollen hat die Ärzteschaft als Körperschaft kaum oder gar keine Hilfe geleistet. Hier wie in vielen anderen Angelegenheiten sind „Ärzte unterschiedlicher Meinung"; und es wurden bisher noch keine Schritte unternommen, um durch wissenschaftliche Untersuchungen die beste Methode zur Empfängnisverhütung zu ermitteln. Die nun zu beschreibenden Kontrollen sind zweierlei Art: erstens solche, bei denen der Erfolg von *Selbstbeherrschung abhängt* ; und zweitens solche, bei denen *mechanische Geräte* verwendet werden.

ICH.

Die Praxis des Rückzugs unmittelbar vor Vollendung des Koitus ist in Frankreich weit verbreitet. Auf diese älteste bekannte Methode wird in der Bibel Bezug genommen (<u>Genesis xxxviii. 8–9</u>). Die Wirksamkeit der Kontrolle hängt natürlich vollständig von der Selbstbeherrschung des Ehemanns ab und ein Scheitern ist daher immer möglich. Es sei erwähnt, dass gegen diesen Plan manchmal Einwände wegen angeblicher Gesundheitsschäden erhoben wurden; Es wurden jedoch keine Beweise zur Stützung des Einspruchs vorgelegt. Andererseits hat Dr. CR Drysdale durch persönliche Befragung festgestellt, dass 100 Mitglieder der Ärzteschaft in Paris „in ihrem gesamten Eheleben nur 174 Kinder hatten, oder im Durchschnitt nicht zwei Gesundheit der Eltern durch die körperliche Untersuchung von Genesis xxxviii. wurde auf der Tagung des Internationalen Ärztekongresses in Amsterdam im Jahr 1879 diskutiert; und zwei Mediziner von großer Bedeutung – MM. Lutaud und Leblanc behaupteten deutlich, dass diese Praktiken familiärer körperlicher Vorsicht in Frankreich in keiner Weise zu gesundheitlichen Schäden beider Partner führten. Und da sie von den Ärzten von Paris allgemein zur Einschränkung ihrer eigenen Familien genutzt wurden, war es sehr unwahrscheinlich, dass solche Gesundheitsschäden, von denen gesprochen wurde, nicht schon vor langer Zeit bemerkt und klar beschrieben worden wären, wenn sie in der Natur existierten ."

Der Verzicht auf Geschlechtsverkehr während eines bestimmten Zeitraums gilt als wirksame Methode zur Vermeidung einer Empfängnis. Dies beruht jedoch auf der Annahme, dass eine Frau unmittelbar vor oder nach der „Menstruation" (dem monatlichen Zyklus) eher schwanger wird. Wenn die Verbindung nicht innerhalb von fünf Tagen vor oder acht Tagen nach der Menstruation erfolgt, soll die Wahrscheinlichkeit einer Schwangerschaft verringert sein.

II.

Von den verschiedenen *Hilfsmitteln* , die zur Empfängnisverhütung entwickelt wurden, ist die „Hülle" (gemeinhin als „Französischer Brief" bekannt) das einfachste und wirksamste. Dabei handelt es sich um eine Hülle aus Haut oder sehr dünnem Gummi, die vom Ehemann verwendet wird. Es bedeckt das männliche Organ vollständig und verhindert durch den Verschluss am Ende, dass der Samen in die Vagina gelangt. Es liegt auf der Hand, dass eine Empfängnis nicht möglich ist, wenn die Scheide intakt bleibt . Die einzige Gefahr, vor der man sich hüten muss, ist der Bruch oder die Perforation der Hülle, die in jedem Fall vor der Verwendung sorgfältig untersucht werden sollte. Das Material kann getestet werden, indem man es vorsichtig über die Innenseite des Daumens streckt, wenn der kleinste Bruch erkennbar ist. *Wenn Hüllen von guter Qualität (nicht unbedingt teuer) verwendet werden und angemessene Sorgfalt angewendet wird, um versehentlichen Bruch zu vermeiden, ist diese Prüfung erforderlich* SICHER .

Die Klistierspritze ist ein häufig zur Vorbeugung eingesetztes Instrument. Eine Lösung (bestehend aus einem Teelöffel Alaun, gelöst in einem halben Liter kaltem oder lauwarmem Wasser) wird vom Weibchen unmittelbar nach der Verbindung injiziert. Die vertikale und umgekehrte Spritze wirkt wahrscheinlich effizienter als der gewöhnliche Einlauf.

Eine sehr einfache und kostengünstige Methode ist die Verwendung eines kleinen Stücks eines feinen Schwamms, der in warmes Wasser getaucht und so platziert wird, dass er die Gebärmutteröffnung bedeckt. Die Wahrscheinlichkeit eines Misserfolgs wird durch Tränken des Schwamms mit einer Chininlösung verringert.

Manchmal werden Pessare verschiedener Art zur Empfängnisverhütung eingesetzt. Das einfache Pessar (von dem es mehrere Modifikationen gibt) ist ein kleines kuppelförmiges Gerät aus dünnem Gummi, das so konstruiert ist, dass es eng um den Gebärmutterhals passt. Wenn das Pessar sorgfältig angepasst und in Position gehalten wird, kann man sich darauf verlassen.

In den letzten Jahren wurde eine neue Form des Pessars eingeführt, die angeblich mit großem Erfolg eingesetzt wurde. Es besteht aus einem kleinen Kegel Kakaobutter, der mit Chinin angereichert ist. Das Pessar wird einige Minuten vor der Verbindung eingeführt; Das durch die Auflösung der Fettsubstanz freigesetzte Chinin zerstört die Vitalität der Samenflüssigkeit.

DIE MALTHUSIANISCHE LIGA.

(Gegründet 1877.)

Präsident :

CR DRYSDALE, MD, MRCP London , FRCS Eng.

Vizepräsidenten :

Señor ALDECOA , Direktor der staatlichen Wohltätigkeitsorganisationen, Madrid.

Herr G. ANDERSON , CE

M. YVES GUYOT , Deputé , Rue de Seine, Paris.

Herr GERRITSEN , Amsterdam, Holland.

Herr S. VAN HOUTEN , Deputé , Den Haag.

Herr P. MURUGESA MUDALIAR , Madras.

Herr T. PARRIS .

Dr. STILLE , Hannover.

Dr. GIOVANNI TARI , Neapel.

Dr. ALICE VICKEBY .

Hon. Sekretär :

Herr WH REYNOLDS , New Cross, London, SE

REGELN.

I. – NAME.

Dass diese Gesellschaft „Die Malthusianische Liga" genannt wird.

II. – OBJEKTE.

Dass die Ziele dieser Gesellschaft sein sollen:

1. Sich für die Abschaffung aller Strafen für die öffentliche Diskussion der Bevölkerungsfrage einzusetzen und eine gesetzliche Definition zu erhalten, die es in Zukunft unmöglich macht, solche Diskussionen als Vergehen in den Geltungsbereich des Gewohnheitsrechts zu bringen .

2. Mit allen praktikablen Mitteln das Wissen über das Bevölkerungsrecht, seine Folgen und seinen Einfluss auf das menschliche Verhalten und die Moral unter dem Volk zu verbreiten.

III. – GRUNDSÄTZE.

1. „Diese Bevölkerung hat die ständige Tendenz, über den Lebensunterhalt hinaus zu wachsen."

2. Dass die Kontrollen, die dieser Tendenz entgegenwirken, in positive oder lebenszerstörende und aufsichtsrechtliche oder geburtenbeschränkende Maßnahmen umgewandelt werden können.

3. Dass die positiven oder lebenszerstörenden Kontrollen den vorzeitigen Tod von Kindern und Erwachsenen durch Krankheit, Hunger, Krieg und Kindsmord umfassen.

4. Dass die aufsichtsrechtliche oder geburtenbeschränkende Kontrolle darin besteht, die Nachkommenschaft durch Verzicht auf eine Ehe oder durch Vorsicht nach der Heirat einzuschränken.

5. Der anhaltende Verzicht auf die Ehe – wie Malthus ihn befürwortet – führt zu vielen Krankheiten und vielen sexuellen Lastern; Im Gegensatz dazu sorgt eine frühe Ehe tendenziell für sexuelle Reinheit, häuslichen Komfort, soziales Glück und individuelle Gesundheit. Aber es ist ein schweres gesellschaftliches Vergehen für Männer und Frauen, mehr Kinder auf die Welt zu bringen, als sie angemessen beherbergen, ernähren, kleiden und erziehen können.

6. Diese Überbevölkerung ist die ertragreichste Quelle für Armut, Unwissenheit, Kriminalität und Krankheit.

7. Dass die umfassende und offene Diskussion der Bevölkerungsfrage eine Angelegenheit von entscheidender Bedeutung für die Gesellschaft ist und

dass eine solche Diskussion absolut frei von der Angst vor rechtlichen Strafen sein sollte.

IV. – EXEKUTIVE.

1. Dass die Amtsträger der Liga aus einem Präsidenten, Vizepräsidenten, einem Rat, einem Schatzmeister, Sekretären, einem Anwalt und Rechnungsprüfern bestehen.

2. Dass die Regierung der Liga einem Rat obliegt, der aus einem Präsidenten, Vizepräsidenten und einem Sekretär (aufgrund ihrer jeweiligen Ämter) besteht, aus zwanzig Mitgliedern, die jährlich auf einer Generalversammlung gewählt werden, und aus a ordnungsgemäß ernannter Vertreter aus jedem Zweig der Liga, der später gebildet werden kann.

3. Dass der Rat befugt ist, aus seiner Mitte einen Schatzmeister und Sekretäre zu ernennen; einen Präsidenten, Vizepräsidenten und Anwalt zu wählen, vorbehaltlich der Zustimmung der nächsten Hauptversammlung; freie Stellen in seinen eigenen Reihen zu besetzen und die notwendigen Statuten für die Durchführung dieser Gesetze und für die allgemeine Leitung der Liga zu erlassen.

4. Dass alle Kandidaten für die Wahl als Amtsträger einen Monat vor der Jahreshauptversammlung nominiert werden und dass diese Nominierung öffentlich bekannt gegeben wird, wobei Form und Art vom Rat festgelegt werden.

V. – MITGLIEDSCHAFT.

Dass die Mitgliedschaftsbedingungen ein Jahresbeitrag von einem Schilling sind, was als Einhaltung der Regeln der Liga zu verstehen ist; oder ein Jahresabonnement von zwei Schilling, das den Abonnenten zum Erhalt des *Malthusian* berechtigt . Um eine lebenslange Mitgliedschaft zu begründen, ist eine einmalige Zahlung von einer Guinea erforderlich.

VI. – HAUPTVERSAMMLUNGEN.

1. Dass einmal im Jahr an einem Ort und zu einer vom Rat festgelegten Zeit eine Hauptversammlung abgehalten wird, bei der die Vorlage des Berichts und der Bilanz sowie die Wahl der Amtsträger Vorrang vor allen anderen Geschäften haben.

2. Nach Erhalt eines von mindestens fünfundzwanzig Mitgliedern unterzeichneten Antrags muss der Rat innerhalb eines Monats eine außerordentliche Generalversammlung einberufen. Andere Angelegenheiten als die in der Einberufung der Versammlung genannten werden nicht berücksichtigt.

3. Dass die Abstimmung bei allen Sitzungen durch Handzeichen erfolgt, es sei denn, es wird eine Abstimmung verlangt, bei der die Abstimmung durch Stimmzettel erfolgt.

VII. – AUSWEISUNG.

Dass der Rat befugt ist, jedes Mitglied auszuschließen, das so ausgeschlossene Mitglied jedoch das Recht hat, Berufung bei der Jahreshauptversammlung oder einer zu diesem Zweck einberufenen Sonderhauptversammlung einzulegen.

VIII. – ÄNDERUNG DER REGELN.

Dass keine Änderung dieser Regeln vorgenommen werden darf, außer auf einer Jahreshauptversammlung, mit Zustimmung von zwei Dritteln der Anwesenden, wobei die vorgeschlagene Änderung dem Rat zwei Monate im Voraus mitgeteilt werden muss.

ÜBERBEVÖLKERUNG; ein Vortrag für die Sunday Lecture Society mit dem Titel „Das Gesetz der Bevölkerung: seine Bedeutung und Bedrohung". Von JOHN M. ROBERTSON . Versandkostenfrei, 2½ Tage.

PLAIN HOME-TALK, von EDWARD B. FOOTE , MD (USA), der den gesunden Menschenverstand der Medizin berücksichtigt. 909 Seiten, mit 200 Abbildungen.

> INHALT : Die Ursache, Vorbeugung und Heilung von Krankheiten – Die Nahrung, die wir essen – Die Flüssigkeiten, die wir trinken – Die Atmosphäre, in der wir leben – Die Kleidung, die wir tragen – Schlechte Gewohnheiten von Kindern und Jugendlichen – Schlechte Gewohnheiten von Männern und Frauen – Sexueller Hunger – Wie man gesunde Babys bekommt – Private Worte an Männer – Impotenz – Ehegeschichte usw.

> Das Buch ist sorgfältig und nachdenklich in einfacher Sprache geschrieben, leicht verständlich und mit dem Ziel, seine Leser durch das Wissen, das sie über sich selbst und ihre Pflichten gegenüber anderen erlangen, zu besseren Eltern und besseren Bürgern zu machen. Kein Elternteil sollte auf dieses Buch verzichten. Nützlich für den täglichen Gebrauch. Versandkostenfrei, sechs Schilling.

DR. FOOTES HANDBUCH DER GESUNDHEIT, mit Informationen von größter Bedeutung für alle, die das Leben genießen möchten. 128 Seiten, postfrei, 1/1.

DAS LEBEN UND DIE SCHRIFTEN VON TR MALTHUS. Von CR DRYSDALE , MD 120 Seiten, mit Porträt von Malthus. Sollte von jedem Studenten gelesen werden, der sich mit sozialen Problemen beschäftigt. Versandkostenfrei, 8 Tage.

DIE BEVÖLKERUNGSFRAGE. Von Dr. CR DRYSDALE . Eine sorgfältige und vollständige Darstellung der neomalthusianischen Position. 100 Seiten, fester Einband; Beitrag kostenlos 8d.

Das Überwachstum der Bevölkerung und seine Abhilfe. Eine Ansprache nur an Männer, gehalten in Lambeth Baths am Dienstag, dem 15. Januar 1889, von WILLIAM LANT CARPENTER , BA, B.Sc. Post frei, 2T.

Frühe Ehe und späte Elternschaft. Die einzige Lösung des sozialen Problems. Von OXONIENSIS . Versandkostenfrei, 2½ Tage.

DIE URSACHE DER ARMUT. Ein im National Liberal Club gelesener Artikel von Dr. CR DRYSDALE . 2 Tage kostenlos posten.

ARMUT: Ursache und Heilung. Von MGH Postfrei, 2 Tage.

www.ingramcontent.com/pod-product-compliance
Lightning Source LLC
LaVergne TN
LVHW041755190726
843493LV00008B/2635